THEOCLEE,

OV LA
VRAYE PHILOSOPHIE
DES PRINCIPES
DV MONDE.

DEDIE' A
MONSEIGNEVR
LE DVC
D'ENGVYEN.

PAR M. CHARLES COTIN,
Conseiller & Aumosnier du Roy.

A PARIS,

Chez ANTHOINE DE SOMMAVILLE, Au Palais, en
la petite salle des Merciers, à l'Escu de France.

M. DC. XLVI.
Auec Priuilege de sa Majesté.

A

MONSEIGNEVR

LE DVC

D'ENGVYEN.

ONSEIGNEVR,

La Mere des Sciences & des Arts, la Souueraine des Academyes & des Licées, se presente aujourd'huy à la plus belle, & à la plus éclattante des Vertus : La Philosophie s'adresse à la Magnanimité, quand Elle vient s'adresser à VOSTRE ALTESSE. Un si beau dessein est digne d'Elle:

* ij

Elle ne peut rien faire de mieux. Car si la Philosophie par la connoissance des Effets s'éleue à la recherche des Causes, & les ayant trouuées, banit le hazard du Monde auec l'ignorance & l'erreur : la Magnanimité contente de ses propres biens, & suffisante à elle-mesme, est tousiours au dessus de ce qu'on appelle Fortune, & n'est soubmise qu'à la Prouidence. La Philosophie va au de-là des objets sensibles, & des opinions inconstantes chercher la Premiere Sagesse, pour joüyr d'vne heureuse & inuiolable tranquilité : La Magnanimité malgré le débris des Estats & des Monarchies, les reuolutions generalles des Cieux & de la Nature, voit, autant qu'il se peut, changer toutes choses sans se changer. Ou plustost, toutes-deux ensemble, la Philosophie & la Magnanimité ont acheué ces Hommes Diuins, qui ont sçeu, côme *VOSTRE ALTESSE*, connoistre les grandes veritez, & faire les grandes actions. Car à bien raisonner, *MONSEIGNEVR*, quoy qu'on ayt voulu dire des Vertus contemplatiues & des Vertus morales, Elles

font trop bien vnies pour les ſeparer jamais : & quiconque n'excelle qu'aux vnes
ou aux autres, n'eſt point vne Perſonne
extraordinaire, ny capable de vous reſſem-
bler.

Cette publique declaration que j'en fay,
eſt en cela plus veritable; qu'elle eſt moins
intereſſee. Et vous me pardonnerez bien
ſi j'oſe dire à VOSTRE ALTESSE,
que ſi dans la France, ou parmy les Eſtrangers on euſt veu paroiſtre vn Prince, qui
a la haute Naiſſance, et a la grande qualité, aux auantages de la Nature & de la
Fortune, euſt adjouſté plus de connoiſſance
& d'amour des belles Lettres, plus de lumiere & de ſolidité d'eſprit, plus de magnificence & de ſplendeur: THEOCLE'E
ſe fut reſolu il y a long-temps de fendre la
preſſe qui l'auroit pû empeſcher de voir cét
Objet de l'admiration publique, et de ſe venir preſenter à cét Heros de ſon ſiecle. Si l'on
euſt pû rencontrer ailleurs vne Prud ce
et vne Valeur mieux Couronnées de Iuſtice & de Pieté, que Celles qui ont eſleué
vos mains victorieuſes vers le Grand & le

Redoutable Dieu des Armées, sur le Champ
mesme de la Bataille de Rocroy, encore
tout fumant et tout inndé du meurtre et
du sang des Ennemis: Nostre Philosophe
eust sans doute esté rendre son hommage à
de si rares Vertus, Et eust crû manquer à
soy-mesme, s'il eust manqué d'adjuster sa
voix à celle de leur Renommée. Si l'on
eust appris qu'en quelque autre Partie du
Monde Chrestien se fut esleué vn nouueau
Conquerant, qui apres la défaite de tant
de Nations assemblées en vne seule Campagne, comme pour Triompher de toute
l'Europe au mesme temps, eust mieux sçeu,
ainsi que l'on disoit de Cesar,

Successus vrgere suos , instare fauori
    Numinis :.

Ie vous demande pardon encore vne fois,
MONSEIGNEVR, si ie dis fran-
chement, que THEOCLE'E n'auroit
iamais pû se resoudre à porter ailleurs son
Encens. Mais ayant trouué dans VO-
STRE ALTESSE toutes les éminen-

tes qualitez, qu'on a tant de peine à chercher separément ailleurs, vne heureuse necessité l'oblige de se donner entierement à
Vous, pour ne rien oster à sa propre gloire.
Il juge que tout ce qui n'est pas digne de
viure éternellement dans la memoire des
Hommes, ne le peut sauuer de l'oubly. Il
se persuade que pour passer à la Posterité
auec approbation, il luy est necessaire de
suiure vn Heros qui soit le Protecteur des
Sçauans et des Vertueux, l'amour et les
delices de sa Patrie, le perpetuel, et l'infa-
tigable Vainqueur de ses Ennemys. Il croit
que pour se faire remarquer de loin, et se
faire voir aux siecles suiuans auec pompe
et auec éclat, il faut qu'il soit prés du Char
de vostre Triomphe. C'est à dire, qu'il re-
connoist que pour bien s'immortaliser, il a
besoin de vostre Nom, et de vos Conque-
stes. La Philosophie sincere et genereuse
dont il fait profession, luy fait faire cette re-
connoissance au lieu de vous faire vn Pa-
negyrique. Non qu'elle manque d'Art
pour loüer ce qui est si loüable, si grand et
si merueilleux; mais Elle ne juge pas à pro-

pos de retenir long-temps par des parolles,
quelques belles et magnifiques que la grandeur de ſon ſujet luy pûſt inſpirer, vn
Prince Genereux et Magnanime qui n'aſ-
pire qu'aux grandes et immortelles actions.
Seulement, *MONSEIGNEVR,*
Elle ne ſe peut taire de cette haute reſolu-
tion, et dont il ne me ſouuien pas que noſtre Hiſtoire nous ayt donné beaucoup d'E-
xemples, auec laquelle combâtant à pied à la
teſte d'vne Armée en deſordre, et rebutée
plus d'vne fois de la reſiſtance Ennemye,
VOSTRE ALTESSE deuant Fribourg
ſe fiſt de nouuelles forces de ſon grand Cœur,
et perſuada le meſpris des dangers par le
ſien meſme. Certainement la Philoſophie,
toute paiſible et toute tranquille qu'elle
eſt, n'a pû s'empeſcher d'eſtre excitée par
les retentiſſemens de tous les Echos de la Foreſt Noire, de ſes affreux et inacceſſibles
Rochers, lors que déracinant les Bois entiers, et arrachant, pour ainſi dire, les
fondemens des Montagnes, voſtre incroyable Valeur, malgré les pluyes furieuſes et
continuelles, malgré les vents et l'orage,

ou-

ouuroit le passage à toutes ses Troupes en des Deserts effroyables, où jamais homme n'a-uoit passé, surmontoit la Nature et le Temps, et faisoit elle-mesme sa destinée. Qu'en ce combat opiniastré par tant de jours, qu'en sa cruelle et sanglante meslée VOSTRE ALTESSE renouuella glorieusement les grands et les heroïques Exemples de ces illustres desespoirs qui n'ab-battent pas le courage, mais qui l'éleuent et le transportent ; qui ne troublent pas la raison, mais qui l'esclairent et la puri-fient ; qui dans les grandes extrémitez, sçauent prendre les grands et les impor-tans Partys ; qui sont pleins d'vne fureur Celeste et Sacrée, et par leurs admirables succès surprennent les Politiques medio-cres, qui jugent trop humainement des Choses Diuines.

Landau, Spire, Vuormes, Mayence, & tant d'autres Places vaincuës de la seule reputation de vos Armes auec plus de soixante lieuës de Pays conquis ; l'Al-lemagne redeuenuë Françoise, tant deçà que de-là le Rhin, & Philisbourg emporté

en vnze iours de Tranchées , Philifbourg
la clef du haut Palatinat et du Virtem-
berg, Philifbourg le puiſſant , et le redoutable Bouleuard de l'Empire, Philifbourg
la terreur et l'effroy des Armées ; Tant
et de ſi eſclatantes proſperitez enchaiſnées
les vnes aux autres , ont eſté les ſuites
glorieuſes et neceſſaires de la Bataille de
Fribourg : Si toutefois on l'a doit nommer ainſi , et non pas pluſtoſt la longue
et perilleuſe diſpute du Demon de France
et de celuy d'Auſtriche , pour la Monar-
chie de l'Europe. Dieu ! que le bruit de
ce Courage inuincible , de cette Prudence
militaire, de cette Vigilance incroyable,de
cette Patience exercée par tant de nobles
fatigues et d'illuſtres trauaux , à qui
VOSTRE ALTESSE doit ſes Conque-
ſtes , s'eſt fait entendre de loin : Qu'il a
eſtonné de Peuples & de Potentats ! Que
la reputation qu'à VOSTRE AL-
TESSE de ſurmonter tout ce qui ſe
preſente pour l'a combâtre , & de ne ſe
point repoſer qu'apres la Victoire , à retenu d'impatiens & de temeraires , a rom-

pu de Parties faites contre la France,
eſtouffé dés leur naiſſance de deſſeins con-
çeus à ſon préjudice, ruïné d'injuſtes pré-
tentions ! La Bataille de Fribourg eſt
touſiours preſente aux yeux des Imperiaux & des Bauarois, ils vous voyent
touſiours tonnant & foudroyant ſur eux;
& voſtre Armée volante apres vous ſur
la Cime des Rochers & des Montagnes,
les fait deſeſperer de leur ſeureté, quelques
Fortereſſes inexpugnables, quelques Villes,
quelques Retranchements, & quelques
Fleuues qu'ils vous oppoſent. La terreur
de Voſtre Nom eſt vne eſpece de charme qui leur lye le Cœur & les mains ; &
quelque fatigué que ſoit voſtre Camp,
quelque diminuée de force que ſoit voſtre
Armée, quelque ſecours qui vous ayt
manqué, tant qu'ils auront de la memoire, ils ne vous attaqueront iamais.

Voſtre derniere Campagne, qui ſans
la maladie de VOSTRE ALTESSE
auoit tous les ſignes & tous les preſages
heureux, en a donné des preuues auſſi
honnorables à la France, que redoutables

à la Bauiere. Icy, MONSEIGNEVR, la nombreuse Gloire de vos Actions, qu'il est impossible de r'enfermer en peu d'espace, m'apprend que pour faire Iustice aux grandes Vertus, il ne faut pas leur refuzer les Loüanges qui leur font deües, quoy qu'elles ne se plaisent pas tant à les oüyr qu'à les meriter. OZeroi-je dire, que sans s'arrester aux scrupules que ie faisois de vous retenir trop long-temps, Elle m'appelle si imperieusement au de-là du Rhin & du Necre à la suite de vos Victoires, que ie n'ay pas l'asseurance de luy contredire?

Cela n'est-il pas miraculeux, que dans vn Climat & souz vn Ciel estrangers, au trauers d'vn Fleuue dont Cesar autrefois s'est tant glorifié du passage, apres vne longue & laborieuse marche, & dans vn Païs ennemy, Vous n'ayez point trouué d'obstacles que ceux que vous auez voulu chercher, ny de Soldats armés contre Vous dans la meilleure & la plus redoutable Armée de l'Empire, que ceux que VOSTRE ALTESSE a contraints de se deffendre? J'en atteste Nortlinghe & Donauert. J'en pren à tesmoin le Danube. Car n'est-ce pas presque à leur veüe que vous auez applany les Montagnes, où ce Prudent & ce Fameux General Mercy s'estoit campé auec de si puissantes Troupes, & retranché si auantageusement entre des Marests & des murailles? Ne sçachant pas, peut-estre, que comme il n'y à point d'endroits si escartez où le Tonnerre ne se fasse entendre, il n'y à point de lieux si forts où la Foudre ne puisse tomber. Ce fut-là que vous luy fistes payer la peine de s'estre si long-temps fait chercher. Ce fut-là que VOSTRE ALTESSE se consola du long desplaisir qu'elle receuoit depuis deux mois, de voir cét Illustre Ennemy se dérober si souuent à vostre Victoire. Ce fut-là, qu'on peut dire, que si la Valeur eust pris vn corps, elle n'auroit pas esté plus prompte, plus actiue, & plus entenduë à proffiter de ces horribles & épouuentables desordres, qui naissent parmy les gemissemens des blessés, le sang & le carnage des morts, le mal-

heur & le defeſpoir des vaincus, tant de
fois ſi trifte & ſi funefte aux Vainqueurs.
Elle n'auroit point veu ſes ordres mal ob-
ſeruès, & regardé l'eftonnement des ſiens,
auec vne colere plus genereuſe, & vn
tranſport plus terrible aux Ames laſches.
Elle n'auroit point parû plus ferme & plus
aſſeurée, voyant tout branſler autour d'elle; & reftabliſſant le combat par ſa paro-
le, & par ſon Exemple n'auroit pas plus
conftamment ſuiuy vn deſſein, dont l'honneur eft inſeparable, & où la ſeconde immortalité eft attachée par la reputation de
tous les ſiecles. Enfin elle n'auroit pas entrepris, ny achéué des choſes plus hautes,
& plus difficiles. Elle n'auroit pas plus
vigoureuſement attaqué, plus victorieu-
ſement forcé, plus glorieuſement triomphé.
Qui n'admireroit cette pleine & entiere
Victoire, apres la mort & la priſe des
deux Generaux Ennemys, apres que le
Champ de Bataille vous eft demeuré, apres
que les Imperiaux & les Bauarois ont
pris la fuite? Apres, ce qui fut la marque de leur derniere deſolation, & de leur

dernier defefpoir , qu'ils ont eux-mefmes
ruiné leur propre Pays, et pillé en fuyant
leurs propres Villes, pour en ofter le butin
aux Victorieux. Il eft vray, MON-
SEIGNEVR, que voftre Triomphe
fut fanglant, qu'il vous coufta des bleffures,
& que la crainte de noftre Armée pour
fon General, en rendit la Pompe effroyable. Mais il eft vray auffi que vos bleffures ont beaucoup adjoufté à voftre Gloire.
Car, outre qu'on pouuoit douter que juf-
ques-là VOSTRE ALTESSE n'a-
uoit efté inuincible que par ce qu'elle eftoit inuulnerable : Ces playes glorieufes,
dont la douleur s'accorde auec le repos
de l'Ame, qui a hautement fatisfait à
elle-mefme, réjoüyffent plus qu'elles n'affli-
gent, rafraifchiffent plus qu'elles ne cui-
fent; font pluftoft viure que mourir, &
recompenfent l'incommodité de quelques
jours, de la Renommée de tous les âges.
L'Immortalité eft trop belle pour n'en pas
vouloir à ce prix, & l'on ne peut trop
achepter ce que l'on ne peut jamais perdre.

Et puis ne ſçait-on pas que les grandes
Ames, & d'vn ordre ſuperieur aux autres,
au lieu de murmurer des grands perils où
on les expoſe, les vont chercher auec ardeur, les choiſiſſent elles-meſmes, & les
préuiennent ſouuent par leurs ſouhaits &
par leurs deſirs? Ne ſont-elles pas perſua-
dées que la plus belle partie de la Magnanimité eſt de s'eſprouuer, pour ainſi
dire, auec le fer & le feu, d'aller affron-
ter la mort ſoubs quelques affreuſes figures qu'elle ſe preſente, de combatre contre
la Fortune, alors qu'elle s'eſt armée pour
les deſtruire? Leur inuincible courage, libre de toutes les paſſions baſſes, épuré
des laſches intereſts, teſmoing à ſoy-meſme
de ce qu'il eſt digne, & dequoy il eſt capable, eſgal à toute la grandeur du Monde,
& à toute l'eſtenduë des ſiecles, connoiſt
ce qu'il doit à ſa reputation, à la gloire de
ſa Patrie, à la Diuinité de ſon Principe: Et
ne ſe propoſe pas moins que de reſpondre par
tout à de ſi juſtes & de ſi religieux deuoirs.
C'eſt ce qu'à touſiours fait VOSTRE
ALTESSE. Et tant qu'on ſe ſouuien-

dra

dra de vos glorieuſes Campagnes, qui ne
ſe comptent que par vos Batailles, &
dont les nouuelles ne s'aprennent que par
vos Victoires, la France & ſes Ennemys n'en pourront jamais douter. Voſtre
eſclattante generoſité parle à tous les yeux
qui l'a regardent : tout le Monde l'a voit,
& l'entend.

Quand il n'y auroit que ces conſidera-
tions, il eſtoit à propos que THEO-
CLE'E, qui n'a point d'autre but en cét
Ouurage, que de reconnoiſtre la Sageſſe
Diuine en toutes choſes, euſt recours à vn
Prince qui fait taire aujourd'huy par ſon
grand Exemple ces Eſprits-foibles & que-
relleux, qui accuſent injuſtement la Prouidence d'expoſer les plus Vertueux aux
plus effroyables dangers, & de traiter le
plus cruellement les plus belles Ames. Comme ſi, peut-eſtre, on deuoit vaincre ſans
combâtre ; ou en Couronner d'autres que les
Vainqueurs. Il falloit, MONSEI-
GNEVR, que la vraye Philoſophie allât
chercher la vraye Magnanimité. Il falloit
vnir enſemble ce qui a fait les premiers

Sages , & ce qui a formé tous les Heros.

I'ay esté plus long que ie ne pensois,
MONSEIGNEVR ; mais il est
difficille de n'aller pas loin pour peu qu'on
suiue vos Victoires. Et il est encore plus
difficille de se taire ou la voix Publique
parle si haut ; quand on a pour la gloire
de VOSTRE ALTESSE, le Zele
que doit auoir,

MONSEIGNEVR,

Vostre tres-humble & tres-
obeïssant seruiteur,
C. COTIN.

LA FRANCE,

A
MONSEIGNEVR
LE DVC
D'ENGVYEN.

Sur ses Victoires d'Allemagne.

SONNET.

DE plus d'yeux, & de voix que n'a la Renommée
On voit, & l'on entend tes faicts victorieux,
Qui des bords Estrangers du Rhin imperieux
A la Mer Atlantique ont ta gloire semée.

   Ton Genye est l'esprit & le bras de l'Armée,
Que ton exemple engage aux hasards glorieux,
Et pour porter mes Lys, & ma Gloire en tous lieux
C'est-assés de ta main à vaincre accoustumée.

   Pour vn si grand dessein le Ciel t'a couronné
Du plus beau des Lauriers qu'il ayt jamais donné;
Ton haut Destin le veut, & l'Enuye en soûspire:

   Mais ne va plus tenter ces dangereux exploys,
Si tu ne fais tomber le Throsne de l'Empire,
Et ne me rends l'Arbitre, & la Reyne des Roys.

COTIN.

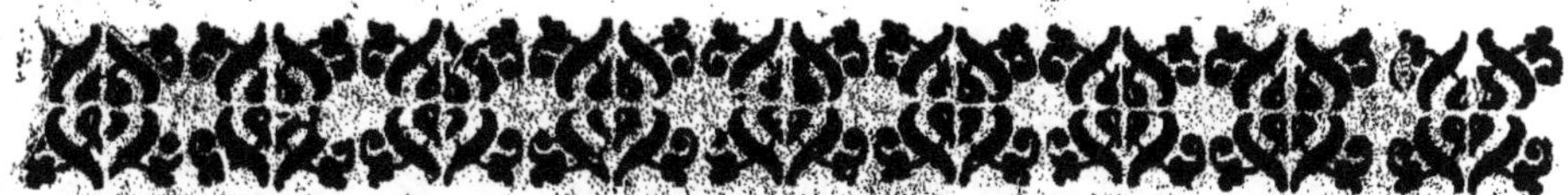

TABLE DES MATIERES
contenuës en ce Liure.

THEOCLEE I.

Dialogue, où il est prouué contre les Sectateurs d'Epicure, Que le Monde est trop parfait pour estre fait par hazard. En ce Traitté la Doctrine des Atomes est plus au long expliquee qu'elle n'auoit encore esté en François.

THEOCLEE II.

Confirmation du precedent Discours contre le hazard d'Epicure, auec quelques obseruations sur sa façon de Philosopher, principalement sur sa Morale.

LISIS,

où de la perfection de l'Vniuers.

DIALOGVE III.

Contre l'erreur de ceux qui trouuent à redire aux ouurages de la Nature, pour monstrer qu'elle est abandonnée au hazard.

c

I'AY toûjours crû que l'esprit humain estoit vn feu, à cause de son actiuité merueilleuse & de sa subtilité à penetrer toutes choses. Non pas de ces feux errants dé qui la mort est si proche de la naissance, qu'ils disparoissent quasi au mesme temps qu'ils ont parû ; mais de ces immortels & celestes qui font la plus belle partie de l'Vniuers. Cette viue flamme, ou pour mieux dire cette splendeur intellectuelle, que le Pere des lumieres a diuinement allumée en l'homme, reçoit ce priuilege de son principe, qui est vn acte pur & eternel de pouuoir agir incessamment. Et comme la clarté du Soleil ne se monstre iamais si pure que lors qu'elle a dissipé tous les nuages, & vaincu tous les obstacles des corps opposez : celle de la raison humaine n'a point d'operation bien éclattante, qu'apres auoir éclaircy les doutes, calmé les passions, & surmonté la resistance que les fausses opinions du monde, & la surprise des sens opposé aux premiers rayons qu'elle enuoya. Quand elle s'est purifiée du vice & de l'ignorance, quand elle s'eſt renduë Maiſtreſſe abſoluë de tous les ennemis eſtrangers & domeſtiques qui l'enuironnent & qui l'obſedent ordinairement, elle a droict d'entrer au Temple de la Verité & d'y preſenter ſon offrande. C'eſt la diſpoſition neceſſaire pour eſtre initiée à ſes myſteres ſacrez, plus que le ſilence & les miſtiques ceremonies ne l'eſtoient en la Religion de la Deeſſe d'Eleuſis. C'eſt le fruict du Triomphe que l'homme a remporté ſur la partie inferieure; c'eſt la premiere introduction aux Iſles heureuſes, comme diroit Homere, ou Heſiode; c'eſt la couronne de fleurs, qui le fait receuoir à la table de la felicité Philoſophique entre les Socrates, les Platons, les Epictetes, & ces autres demi-Dieux du genre Humain. L'ame, en ce glorieux eſtat, renduë à elle-meſme, & Maiſtreſſe de ſes puiſſances, s'entretient dans le monde, comme dans vne celebre Academie, où elle trouue autant de Docteurs, qu'il y a de Cieux & d'Elemens, pour s'inſtruire toûjours de plus en plus de la Sageſſe qui le gouuerne. Car encore que chacun ait imprimé dans le cœur par la Nature, dont la Loy, comme on a dit de la neceſſité, eſt la plus forte & la plus inuiolable de toutes, qu'il y a vne premiere & ſouueraine intelligence, dont il eſt luy-meſme l'image parlante, & qu'il la trouue toûjours en ſoy pourueu qu'il l'y vueille chercher: Il n'a pas eſté pourtant inutile, que comme les Amants ont deuant eux les pourtraits de ce qu'ils ayment, quoy que la figure en

soit grauée au fonds de leurs ames: qu'ainsi l'Vniuers
entier soit le tableau visible & perpetuel des perfections du premier estre qu'il est si important à l'homme de ne iamais oublier. Car puis qu'ignorant la souueraine verité, on ne peut connoistre les subalternes;
& que la supréme bonté, comme la premiere & la
plus parfaite, doit estre la mesure & la regle de toutes les autres, sans sa connoissance il n'y a point de
sçience ny de vertu: ce n'est en l'homme que desordres & que tenebres. Et partant ignorer DIEV, comme a remarqué le premier des Philosophes & des
Roys Egyptiens, est sans doute le plus horrible & le
plus effroyable de tous les maux; puis que de là, comme d'vne source empoisonnée, coule incessamment
le venin, qui infecte toute la terre, qui corrompt
tant d'esprits mal-heureusement liurez à la chair &
au sang, comme à des furies eternelles.

Ces considerations obligent, ce me semble, vne
ame forte & genereuse, qui sçait qu'elle est le rayon
immortel du premier Soleil des esprits, & que c'est
par son influence qu'elle opere, & qu'elle est heureuse, d'en celebrer hautement la gloire auec tous ceux
qui sont enflammez d'vn si beau desir. Et pource que
les Graces se regardent & se retournent les vnes vers
les autres, & sont, ie croy, aussi-bien filles de la Memoire que les Muses; toute leur vie n'est qu'vne continuelle reminiscence des faueurs de leur grand & de
leur eternel Bien-faicteur. C'est la fin & le prix de

leurs ouurages, c'eſt le but & la recompenſe de leurs
veilles & de leurs ſçauantes meditations. Tout le reſte
eſt au deſſous d'elles. Agir autrement, ou pour les intereſts de la fortune, ou pour les fumees de la gloire,
c'eſt ignorer la nature de ces deux choſes, ordinairement les plus iniuſtes & les plus ingrattes du monde:
C'eſt décheoir de la principauté où DIEV a éleué
l'homme par deſſus tout : C'eſt comme ce mal-heureux des Enfers Poëtiques, ſe geſner eternellement
d'vn tourment vain & inutile : C'eſt ignorer la grandeur des biens aduenir : C'eſt s'abandonner au ſiecle
preſent, dont les jugemens ſont ſi vains, pour ne dire
pas ridicules & inſenſez. Nous en auons trop de preuues pour en douter, ou pour croire que les chef-d'œuures meſmes, & les miracles de l'art les plus confir-
mez ſe puiſſent exempter de la cenſure. Ainſi il eſt
miſerable qui ſe fie en l'opinion des hommes, ou qui
cherche leur approbation. Parlons icy des Philoſophes, puis que nos Traittez ſont Philoſophiques,
& laiſſons les Poëtes & les Orateurs pour l'agreable
amuſement des oiſifs.

Quels hommes parmy les Anciens ſe peuuent comparer à Platon, au grand Ariſtote, à Plutarque, & à
Seneque? Leurs noms ne ſont-ils pas, pour ainſi dire,
les noms des Muſes, & pour les ſecrets de la nature,
& la conduitte des mœurs, quels Dieux de Grece ou
d'Italie ont prononcé de plus beaux Oracles? Cependant on a dit du premier, que c'eſtoit vn conteur

de Fables, qu'auec grand trauail & grande eſtude il
compoſoit ſes Dialogues de beaucoup de paroles &
de peu de choſes, & plus criminellement encore qu'il
eſtoit vn des Patriarches des Heretiques. Son diſci-
ple qui a ſuiuy vne autre route, qui eſt toûjours fort,
& preſſé ſans rien meſler d'allegorique dans ſes ouurages, ce Philoſophe ménager du temps, qui au lieu
des interrogations frequentes de Socrate, leſquelles
font, diſent-ils, languir les Lecteurs, & diſent la meſme choſe en cent façons, ce Genie de la Nature, encore vne fois, le grand Ariſtote, n'a t'il pas eſté blaſ-
mé d'obſcurité preſque par tout, & calomnié d'ignorance, ou d'enuie, de n'auoir pû, ou de n'auoir pas
voulu ſe découurir ? N'a-t'on pas dit qu'il taſchoit de
s'échaper à la faueur de la nuict, & ſe ſauuer parmy
les tenebres ? Son ſtile n'a t'il pas paru ſec & décharné
aux Courtiſans de ſon Alexandre, vn ſquelette d'oſ-
ſemens, ou pour en parler plus fauorablement, vn
corps nerveux à la verité, mais ſans peau & ſans couleur ? Cét autre ſur qui toute la prudence humaine ſe
forme, n'eſt-il pas décrié par ſa propre force ? & n'a-
t'on pas eſté offenſé de ſa beauté meſme ? De ce que
ſes Liures ſont beaux par tout n'en a-t'on pas fait vn
defaux, comme d'vn corps qui ſeroit tout yeux ? Et
ces belles & viues lumieres ces Sentences qui ſont autant de regles pour la vie, n'ont-elles pas eſté trouuées de quelques-vns ſans ſuitte & ſans liaiſon ? Vn
Empereur luy reprochoit que ſon ſtile eſtoit du ſable

fans chaux, & fon grand & merueilleux nombre de poinctes a fait dire qu'il profitoit du trauail des Efclaues Grecs, & n'employoit que des lieux communs.

Plutarque, dont le genre d'écrire eft plus lié & plus eftendu, & qui en fes heureux Dialogues a mefme quelque efpece de charmes, le grand Gouuerneur du plus grand Monarque qui fut iamais, n'a pû éuiter l'enuie, ny retenir les Critiques de fon temps qui s'attacherent à fa diction, comme n'eftant ny affez pure ny affez claire, comme degenerant de l'ancienne Grece & de la belle maniere des Atheniens. Quand à fa Philofophie, on l'a paffée pour n'eftre le plus fouuent qu'vn fimple r'amas de celle des autres & en plufieurs endroicts, comme en ce qui dit des Stoïques & des Epicuriens, principalement contre Colotes, pour vne declamation de Sophifte.

I'ay medité fouuent fur l'injuftice que l'on a fait à ces grands Hommes, & j'en ay tiré cét auantage de n'eftre point furpris de tout ce que j'entend dire de moy, ou des autres; puis que de quelque façon & de quelque fujet que l'on écriue, comme nos Amis donnent fouuent à nos defaux le nom des vertus qui en aprochent; nos Ennemis donnent toûjours à nos vertus le nom des vices qui les contrefont.

Ainfi l'on ne gagne iamais fa caufe au raport de fes enuieux, j'en ay fait la preuue par de fi illuftres témoins, qu'apres cela on auroit tort d'en douter. Et il me femble que fi Plutarque, Seneque, Ariftote & Platon

Platon n'ont peu plaire à leurs Critiques par la grandeur & la Majesté de leurs ouurages, ny par leurs diuerses manieres, on ne peut ny en Phisique, ny en
Morale : en Lettres ny en Dialogues, esperer iamais
vne entiere & generale approbation.

Ie suis donc bien éloigné de la pretendre par mes
Dialogues, quoy que ce soit, selon l'aduis des plus polis & des plus sçauans, la plus agreable, la plus diuer-
tissante, la plus claire & la plus ingenieuse façon d'é-
crire. Tant pource que c'est vne image de la belle
conuersation & de l'entretien de la vie entre personn-
nes amies & importantes, qui sçauent se faire vne
douce & innocente guerre, loin de ces barbares &
furieuses inuectiues de quelques vns, ou non seulement la Religion, mais l'Humanité mesme est of-
fensée, où l'on ne se souuient ny qu'on est Homme, ny
qu'on est Chrestien : que pource que c'est le meilleur
moyen de presenter la verité en tous ces iours, & la
faire voir mal-gré toutes les erreurs opposées, toûjours belle, toûjours triomphante. Outre qu'il faut
vne grande force d'imagination & vne attention
bien continuée, pour si iustement regler ainsi qu'aux
pieces de Theatre, les paroles & les actions de ceux
qui parlent & qui font ordinairement differens d'â-
ge, de mœurs & d'opinions, que depuis le commencement de l'œuure iusques à la fin, chacun parle &
agisse conuenablement. Diray-je que le changement
de Scene y est necessaire, que les intermedes y trou-

d

uent leur place, & qu'il y a vne espece d'entrée comme vn Prologue, qui expose d'vne seule veuë aux Spectateurs, tout ce qu'on doit joüer deuant eux.

Ce genre d'écrire est capable de toutes les beautez de l'Art, & de toute l'estenduë de la Nature. Quiconque a leu le Timée, le liure des Loix & la republique de Platon, le Phedon & son festin Philosophique : ou qui aura voyagé en Italie auec les amis de Ciceron pour les oüir disputer de la vertu, du mépris de la mort, de la volupté, & de tout ce que la Philosophie a de plus rare, n'aura pas lieu de douter d'vne proposition si bien confirmée.

Ce que ie trouue de plus difficile, c'est depuis que les Anciens ont choisi ce qu'ils ont jugé le plus beau, & le plus capable d'ornemens & de graces : de pouuoir écrire apres eux & ne pas redire les mesmes choses. Car soit que l'on traitte de la Prouidence ou du hazard son contraire, des principes du Monde, du Vice & de la Vertu; semblent-ils auoir laissé quelque chose de necessaire à dire, ou qui se peut resoudre de ne rien dire apres eux que de superflus : & traittant des questions si anciennes, où peut estre la grace de la nouueauté?

Ceux à qui j'ay fait ces difficultez, m'ont répondu en faueur de DAMIS & de THEOCLEE, qu'ils parloient sur vn ancien sujet nouuellement : Tant pour la maniere, que pour la chose. Pour la maniere premierement, A cause de l'artifice du Dialogue dont pas vn de nos Philofophes François n'ont iufques icy donné d'exemple, laiffant abolir cette coûtume fi belle & fi ciuile de traitter les Mufes. Secondement, A caufe du choix iudicieux qu'on a fait des parties de la Doctrine ancienne, qui fauorifent le hazard, fans toucher aux opinions d'Epicure, dont vn des plus fça-uans hommes du temps, fait, à ce que l'on dit, vn corps tout entier. Enfin, A caufe de l'adreffe parti-culiere qu'on a eüe d'y méler des Vers qui ne feruent pas au feul embeliffement, mais à l'intelligence de la piece, & qui n'ont rien, peut-eftre, du defaux de ceux qu'on voit en tant de lieux infpirez fur l'heure & à la premiere occafion, comme s'il eftoit auffi na-turel & auffi facile de parler le langage des Dieux que celuy des hommes. Pour la chofe: d'autant, difoient-ils, que cette vieille Philofophie de Democrite & de fes Sectateurs, qui n'eft que par lambeaux dans les Li-ures, auec beaucoup de confufion & de defordre, n'a iamais été veüe en nôtre langue fi bien ramaffée en vn corps. Outre que DAMIS luy prefte des orne nens, & luy donne des couleurs qu'elle n'auoit point eu en-core : Tandis que THEOCLEE, fans s'arrefter beau-coup à toute cette Doctrine bizarre, qui n'eft là pro-pofée que pour faire mieux entendre ce qu'on apelle hazard & neceffité de nature, allegue des raifons par-ticulieres & nées, pour ainfi dire, fur le lieu mefme où il parle, pour monftrer qu'il n'y a qu'vne Sageffe fupréme & vniuerfelle à qui l'on puiffe raifonnable-

d ij

ment rapporter l'ordre & la difpofition du Monde.
Si bien que les habiles découurent affez que le difcours de l'heureux & fortuit rencontre des Atomes,
n'eft en cét entretien de contemplatifs, qu'vne Fable
Philofophique, laquelle par fa rareté concilie l'attention, & par fon expofition ingenieufe, fe fait écouter jufqu'au bout. Celle de l'Androgine des Anciens,
& de Vulcain, qui dans fa forge ne fit qu'vn de deux
amis, n'auoit pas plus de vray-femblance.

GELASTE, adjouftoient-ils, eft vn homme dela
Cour & de bon fens, dont toutes les railleries font
galantes & pleines d'vn fçauoir agreable. C'eft le di-
uertiffant de la Compagnie & l'exemple dont on
peut conuaincre les bas & les mauuais bouffons, ces
importuns ennemis du raifonnement par leurs fot-
tes allufions & leurs froides équiuoques, dont ils pen-
fent effacer toute la fageffe de la terre ; ces Pedans du
grand Monde qui ne font pas encore bien purifiez de
leur premiere nourriture & de leurs baffes inclinations.

Expliquons encore noftre deffein plus clairement,
s'il eft poffible. l'apelle ce Liure, THEOCLEE, qui
fignifie la gloire de Dieu, ou la vraye Philofophie
des principes du Monde : pource que ie croy que le
veritable Amant de la Sageffe, tel que doit eftre le
Philofophe, eft celuy qui luy rapporte les caufes &
les principes de tout. Pour eftablir cette verité, j'entreprend de deftruire fon contraire, l'erreur & le men-

songe de ceux qui tiennent que ce que nous apelons ordre & difpofition dans l'Vniuers, n'eft pas vn effet de cette fupréme raifon, de cét vnique efprit, comme a dit autrefois Manile, apres les Stoïques, par qui toutes les parties de la Nature font affemblées; mais vn pur rencontre de la fortune. Tels ont efté les Epicuriens. Tels font encore aujourd'huy les difciples de fes mauuais Maiftres dont la Doctrine, fi toutefois on doit nommer ainfi vne opinion bigearre, & extrauagante a ce me femble ces deux fondemens. Le premier, que fi les chofes ont pû fe ranger ainfi que nous les voyons par hazard, c'eft à dire à leur mode par le fortuit concours des petits corps qui les compofent, il en faut décharger la Deité, dont auffi bien le repos eft incompatible auec le foin de tant de Mondes; comme ils fuppofent qu'il y en a. Le fecond, c'eft encore que cette Philofophie des Atomes n'euft pas toute la clarté & toute l'euidence neceffaire pour fe faire fuiure; on ne deuroit pourtant pas laiffer de croire que Dieu ne s'eft point mélé de faire le Monde, tant il eft plein de defaux de tous coftez, & fujet par fa propre conftitution à de corruptions & de defordres. Pour renuerfer ces deux fondemens, j'ay crû qu'il me falloit prouuer deux veritez également importantes. La premiere, que tant de parties qui compofent le Monde, n'ont pû s'affembler par hazard, & que la Nature eft trop fage pour eftre abandonnée à la fortune; c'eft ce que prouue Theocléc. La fe

d iij

conde, que tous ces manquemens dont on accuse
l'Vniuers & dont on tasche d'en d'écrier les beautez,
ne peuuent passer pour tels raisonnablement. LISIS,
ou le Resolutif, qui est le troisiéme Dialogue de ce
Liure, apres lequel nous en auons vn autre tout prest
pour répondre à quelques difficultez qui pourroient
rester encore sur ce sujet, a pour but de faire voir l'in-
justice de ces vains murmures; & de monstrer, comme a dit vn de nos anciens Oracles, que chaque œuure du Seigneur est tout remply de sa gloire, & qu'il
n'y a pas vn de ceux qui ont des yeux pour voir & des
oreilles pour entendre, qui n'y reconnoisse la puissance & la sagesse de son Autheur.

Que si l'on a leu les Dialogues les plus acheuez de
la Grece & de l'Italie, si l'on a oüi raisonner Timée
dans le Liure qui porte son nom, ou Socrate, dans le
Phedre & le Banquet; si l'on a presté audience à celuy
qui n'a pas moins donné d'éclat à l'ancienne Rome
par son éloquence, que Cesar & Pompee par leurs
victoires : qui pourra s'estonner si THEOCLEE
parle quelquefois long-temps quand il enseigne,
comme le genre dogmatique ne le permet pas seulement, mais le commande, & si par rencontre il mesle
les fleurs & les mouuemens de la Rhetorique, aux
raisons des Logiciens. Ce qui fut la gloire de Ciceron,
& dont en quelque lieu il se vente luy-mesme si hau-
ment, seroit-ce le reproche d'vn homme à qui son
âge, & sa profession auec l'authorité d'instruire & de

reprendre, donnent du respect à ceux qui l'écoutent?
N'est-ce pas mesme vne tacite instruction aux jeu-
nes gens, comme sont representez GELASTE &
DAMIS, de reuerer la Vieillesse quand elle est couronnée de sagesse & de vertu.

Ces considerations m'ont paru specieuses, ie le
confesse, & quand ie les ay entenduës de personnes
illustres de naissance & de qualité, dont la belle façon
de raisonner & de viure est vn des plus parfaits exemples de nostre siecle, & qui sont au dessus de la four-
be & de la flatterie des petites ames : I'ay crû qu'apres
auoir fait tout ce qui estoit en ma puissance pour reconnoistre en ce nouueau genre d'écrire, la sagesse
infinie de Celuy à qui tous les esprits doiuent leur
hommage, puis qu'il est le Pere de tous les esprits.
Ie pouuois (quelque infirmité & quelque foiblesse
où ie me trouue, & dont ie ne suis que trop conuaincu) ne differer pas dauantage d'apporter mon
denier à son Temple, & les premices de mes fruicts.

Fautes d'Impreßion.

Page 1. Arſenac, *liſez*, Arſenal. pag. 5. toutes broſailles, *liſez*, toutes les broſailles. pag. 8. definy, *liſez*, definit. pag. 22. le monſtre, *liſiz*, ce monſtre. precipité, *liſez*, precipite pag. 24. il y a vn T. capital qu'il faut oſter, pource que c'eſt Damis qui continuë de parler : & il faut mettre vn D. capital au commencement de la quatriéme ſection. pag. 31. les inſeparables, *liſez*, les ſeparables, pag. 37. au lieu d'vn G. capital, il faut vn D. pag. 93. nature chaque choſe, *liſez*, de chaque choſe. pag 105. Cybel, *liſez*, Cybelle. pag. 129 charmante, *liſez*, changeante. la meſme, fermée, *liſez*, formée pag. 140. à la fin meſme, *il faut oſter*, meſme. pag. 145. Laccan, *liſez*, l'Occean. pag. 147. eſt l'enchaiſnement, *liſez*, & l'enchaiſnement. pag. 154 & non pas en tout? *il faut vn poinɛt à virgule au lieu d'vn interrogant.* la meſme. quelques ſoient les Grecs, *liſez*, quelques ſoient les principes des Grecs. la meſme. brachenanes, *liſez*, Brachmanes. pag. 155. cauſés, *liſez*, cauſes. pag 159. comme ſa lumiere, *liſez*, comme la lumiere. pag 170. qui s'eſloignoient, *liſez*, qui l'eſloignoient. pag. 173. premices, *liſez*, premier. pag. 175. du menſonge, *liſez*, du meſlange. la meſme forment, *liſez*, froment. pag. 179. deuancent, *liſez*, deuança. pag. 182. pas, *liſez*, par. pag. 184. la forme que, *liſez*, la forme qui. pag. 194. pable, *liſez*, capable. pag. 206. muet, *liſez*, meut. pag. 210. eſtre, *liſez*, eſt.

Du Dialogue intitulé LISIS.

Page 10. imites, *liſez*, imité. pag. 15. raiſonnemens, *liſez*, reſonnemens. pag. 22. Achilles, *liſez*, Achille. pag. 23. en ſa puiſſance, *liſez*, en noſtre puiſſance. la meſme. des cauſes de tout, *il faut oſter la virgule.* pag. 32. le Sophiſte, *liſez*, les Sophiſtes. pag. 54. vne famille eſt, *liſez*, &. pag. 64. ces preſents, *liſez*, ſes preſents. pag. 74. d'elle, *liſez*, d'elles. pag. 100. qu'en d'autres? *il faut vne virgule au lieu d'vn interrogant.* Il y a quelques autres fautes à la punɛtuation, que le Leɛteur diligent pardonnera, s'il luy plaiſt, à ma negligence.

THEOCLEE.

DIALOGVE;

OV IL EST PROVVE' CONTRE les Sectateurs d'Epicure, que le Monde est trop parfait pour estre fait par haZard.

ENTRE-PARLEVRS
GELASTE, DAMIS, THEOCLE'E.

Le lieu de leur conference,
Les Iardins de l'Arsenal.

DIALOGVE.

GELASTE. Ie saluë Damis, & les Muses qui l'entretien-nent dans ces promenoirs destournez. Le Liure qu'il tient, son front graue & serain, ses yeux tranquilles & doux, son allure esgale & lente, je ne sçay quels mots hautement prononcez, & qui ont du nombre & de l'harmonie, tesmoignent à mon auis qu'il repasse agreablement sur quelques Vers qu'il a composez.

DAMIS, il y a long-temps qu'Apollon & moy sommes mal ensemble, & ainsi que l'Antidamis a coustume de me reprocher, vous sçauez l'agreable homme que c'est, comme il y a des années steriles en bleds, & d'autres en vins, je suis maintenant en l'année de ma sterilité Poëtique. G. Ie connoy cét Antidamis, c'est celuy qui se brouïlle éternellement auec vous, & n'est jamais vostre ennemy : Mais qu'est-ce donc que vous méditiez ? D. Vn de mes amis m'a presté depuis quelques jours vne Paraphrase du Poëte Lucrece, si belle, si fleurie, & si acheuée, que j'en suis encore je ne sçay comment, possedé d'vn certain enthousiasme, & je croiray quand il plaira à Theoclée, pour faire plaisir à son Platon, que la fureur des Muses est contagieuse, & que c'est vne espece de mal que l'on peut prendre par les oreilles, comme la fascination se prend par les yeux. G. Ce faiseur de Vers, car ie jure Homere & Virgile, de ne l'appeller iamais Poëte; puis qu'il n'a rien inuenté, estoit autrefois vostre domestique, il est maintenant vostre fauory. Le bel effet de simpathie! Damis, donne beaucoup à la fortune, Lucrece abandonne tout au hazard, les plantes, les animaux, les Cieux, les elemens, les mondes inombrables, les Dieux & les hommes, & iusques à cette Venus mesme, où cette nature, qu'il inuoque au cómencement de son Poëme. D. Ie sens le traict du Scorpion qui me pique, Gelaste, on sçait vostre ascendant, vous estes de la maison de Mars; vous deüez pourtant respecter ces grands hommes qui sont encore aujourd'huy, pour ainsi parler, les Dieux de la Philosophie, & les vrays Maistres du monde, n'en déplaise aux Princes & aux Empereurs.

G. Tout beau, Damis, ne vous broüil-
lez pas auec les Puiſſances : mais qui
vous empeſche de nous dire ce que vous
liſiez de ſi merueilleux en cette verſion
de Lucrece ? D. l'en apprenois l'argument par cœur, où le Traducteur dit
que le Poëte,

Comme vn autre Silène a chanté hautement,
Des inuiſibles corps l'incertain mouuement,
Et par quelle vertu la fortune les guide,
Les meſle, les eſtreint, les place dans le vuide.
De-là naiſſent les feux dont le Ciel eſt paré,
Et la belle Doris en ſon lit aʒuré,
Tous les peuples de l'air, les hoſtes de la terre,
La glace, les chaleurs, les vents & le tonnerre,
Les ſemences des biens, les ſemences des maux.

G. Ie connoy cette Poëſie, elle eſt du
ſçauant Liſis, il propoſe ainſi le ſujet
dont Lucrece a traité en ſes Liûres, &
n'en prenant que les beaux endroits
ſans eſtre eſclaue de ſon autheur, s'eſt
rendu ſi bien Maiſtre des Muſes Romai-
nes, que ſa copie eſgale touſiours & ſur-

passe souuent l'original. D. N'est-il pas vray que c'est peut-estre le seul homme de nostre siecle, qui sacrifie ensemble à la Philosophie & aux Graces, & qui oste par le moyen des vnes toutes brosailles, dont estoit couuerte l'auenuë du Temple où l'autre se fait adorer.

THEOCLE'E, Vostre Lisis pouuoit adiouster auec Virgile, dont il semble auoir imité les Vers, que ce Silene n'estoit pas sobre ny encore bien é-ueillé,

Que son chapeau de fleurs luy tomboit de la teste,
Que selon sa coustume il estoit plein de vin.

Ce qui monstre que le Poëte seroit bien marry que l'on le creut, & que dans cette sorte d'ouurages, il ne cherche autre chose que le plaisir. Que s'il vous faut payer de la mesme monnoye qu'il vous a pleu de nous prester; pour ces Vers des Bucoliques que l'on a faits seruir à l'argument de Lucrece, ie vous rends ceux-cy de l'Eneide, & vous prie

de déferer pour le moins autant à l'ame
purifiée d'Anchife qu'au Maiftre def-
bauché de Bacchus : Quelqu'vn de ma
connoiffance l'a fait ainfi parler apres le
Poëte.

Quand le premier des iours s'ouurit à l'Vniuers,
Vn Efprit fe mefla dans fes membres diuers,
Agita fon grand corps, luy donna nourriture,
Mit vn ordre éternel dans toute la Nature,
Alluma le Soleil, reigla fon mouuement,
Et placea tous les feux du vafte Firmament.
C'eft de-là que le Monde a pris fon origine.

Sect.II.
Qu'vne
Sageffe
Vniuer-
felle a
donné
l'ordre à
toutes
chofes.

  Et c'eft ce que raconte à tous les yeux
de la terre l'ordre & la beauté des creatures, qui par vn langage vifible, comme l'a dit quelqu'vn des Grecs, celebre
la main fage & puiffante, qui premierement arrondit les Cieux, eftendit les
campagnes & les plaines, efleua les montagnes, enfonça les vallons, & par les
fources, des fleuues & des fontaines,
comme par des veines larges & fecondes, donna l'aliment neceffaire aux ani-

maux. Et pour dire cecy en paſſant, à qui pourroit-on mieux rapporter qu'à Elle, tant de vertus mineralles &, de proprietez de ſimples qui ſont propres à noſtre ſanté, & qui ſont en ſi grand nombre, qu'il n'y auroit point de maladies incurables ſi on connoiſſoit toutes les herbes parfaitement ? Ou qui auroit tracé ces images & ces ſignatures, comme on les nomme, que certaines plantes portent en leur racine, en leurs feuïlles & en leurs fleurs des parties du corps humain, pour apprendre par cette leçon muette, à ceux qui ne ſçauent point lire ailleurs qu'au grand Liure de la Nature, les moyens de ſe guerir ? Vous auez eſprouué ce que peut pour eſclaircir la veuë, le vin d'Euphraiſe, dont la fleur eſt ſi ſemblable à la prunelle, & aux membranes de l'œil, & Gelaſte ſeroit ingrat s'il ne remercioit la pulmonaire d'auoir reſtably ſon poulmon. G. Voila bien prendre ſon temps ſur les ſimples de ce jardin, & trouuer le moyen de m'intereſſer en voſtre cauſe.

T. Que diray-ie des objets & de leur rapport aux puiſſances & aux organes qui leur eſt ſi eſſentiel que l'vn ſe dé-finy par l'autre ? peut-on le dénier ſans eſtre opiniaſtre iuſqu'à l'excez ? Que de ſynnuoſitez, que de labyrinthes aux oreilles pour bien receuoir les ſons & les rompre adroitement ! Quelle com-poſition , quels ligaments , quelles ar-teres , quelles veines , quels muſcles, quels cartillages ! Combien d'autres parties dont la moindre venant à man-quer la fonction de l'oüye eſt impar-faite ! ou pluſtoſt combien de preuues que tant de diuers reſſorts qui ioüent en tout temps , & en tous lieux dans toutes les eſpeces d'animaux , & qui ont telle liaiſon enſemble n'ont point eſté faits par hazard ? G. La Muſique que vous auez oüye en entrant vous en a fait ſouuenir. T. Cela pourroit eſtre , & puiſque nous voyons d'icy pour parler vn peu poëtiquement , le cours paiſible de la riuiere , qui aymé tant cette petite Iſle qu'elle l'embraſſe

de

de toutes parts ; Que de cette terraſſe
on a pour perſpectiue d'vn coſté les
grandes plaines chargées de moiſſons,
qui finiſſent agreablement au pied de
ces hauteurs eſloignées ; & de l'autre la
plus belle & la plus populeuſe des Villes, PARIS, ſans pareille au Mon-
de : que diray-je de l'œil, de ſes parties,
& du temperament de chacunes, quelle anatomie feray-je des tuniques, des fibres, des nerfs optiques, des venules
& de la prunelle, ſans parler de ſes differentes humeurs ? Ne voit-on pas que
la lumiere & la couleur ſont faites pour
les yeux, les yeux pour la couleur &
pour la lumiere ? Quelle eſt l'operation
des vns où les autres ne ſont point ?
cependant il n'y a nul intereſt commun
qui les lie. Comme on ſçait bien que
les hommes n'ont pas produit les plantes & les mineraux dont les vertus medecinalles nous ſont ſi vtiles ; on ſçait
bien qu'ils n'ont pas fait le Soleil & ſes
rayons : & neantmoins quand nous les
aurions faits, ils ne pourroient pas plus

feruir à noftre vfage. Que refte-il apres cette connoiffance, & que pouuons nous faire de mieux, finon de rendre graces à cette magnificence diuine, qui faifant de l'homme le chef-d'œuure de l'vniuers, luy a rapporté comme au fouuerain Roy du monde apres elle, les vertus celeftes & elementaires ? s'il eft vray que les fons n'ont pas fait l'oreille, fi l'oreille n'a pas fait les fons, & toutefois il y a par tout vne telle relation entr'eux, qu'on ne les peut connoiftre qu'enfemble ; D'où pourroit venir cette dépendance mutuelle entre des chofes fi differentes, fi ce n'eft d'vn principe vniuerfel, d'vne nature intelligente, en vn mot de Dieu?

Principallement fi nous penfons à la multitude inombrable des eftres diuers & contraires, laquelle eftant par tout occafion de confufion & de defordre, eft au monde fi bien rangée, qu'elle en compofe toute la beauté. Ainfi, car il eft permis quelquefois de comparer les

grandes aux petites choses, & vn estat
auec le monde, vn bon politique rapporte au bien public tant de diuerses
passions, & souuent contraires, qui
poussent les laboureurs, agitent les
Marchands, esleuent les Officiers, en-
flent les Seigneurs d'vn Royaume; &
fait que chacun selon son employ, soit
que la necessité le force, & l'vtilité le
solicite, soit que le deuoir le conduise
ou l'ambition l'emporte, va sans qu'il
s'en apperçoiue par ses fins particulieres à la generalle, qu'il ne connoist pas
le plus souuent. D. Theoclée n'est pas
de ces vieillards qui en leur vie sont,
comme on leur reproche, deux fois enfans. G. Non, il est doublement homme, tant sa raison est esleuée au dessus
des autres. Aussi par la beauté de son
ame si fort purifiée des sens; par vn genereux mespris de ces Presens de la fortune, qu'il faut necessairement quitter
par leur corruption ou par la nostre,
par vn amour incroyable & vne reli-
gieuse estude de la verité; Il s'est pre-

paré à la sagesse toute sa vie. T. Dequoy parliez vous tout bas. Soyons sages, Damis, & n'abusons point de nostre esprit contre celuy qui nous l'a donné. D. Il y auroit trop d'ingratitude, sage Theoclée ; mais que vostre crainte
est obligeante, & que vous estes bon
d'auertir ainsi vos amis. Non, non, je ne
suis pas prophane, quoy que toutes
mes lectures ne soient pas sainctes : La
Philosophie des anciens, quelques graces & quelques ornemens dont la releuent les fables & les poesies, soit que
Lucrece ou Platon me la presentent,
est vne Maistresse cajoleuse & gallan-
-te, que pourtant ie ne voudrois pas es-
pouser. Ie la possede peut-estre assés ; à
vous en parler franchement, mais elle
ne me possede point. Ie vous ay dit ce
me semble que i'estois enchanté par les
Muses de Lucrece, particulierement
depuis que Lisis les a parées, & qu'on
ne le peut trop estimer d'auoir si riche-
ment exprimé par de si beaux vers ce
qu'on auroit bien de la peine à dire net-

tement en p.ose : je ne penſois pas pour
cela qu'il me falut deffendre ſes opinions
ny celles du grand Epicure. G. Comment du grand Epicure? D. Quoy qu'en
ayent publié ſes ennemis, ce fut vn genie fort & genereux, libre de tous préjugez, loin des ſuperſtitions populaires,
affranchy de la tyrannie des couſtumes
& de la crainte ſeruile des loix. Cét
hôme admirable a le premier oſé chercher la nature en elle meſme, & apres
l'auoir trouuée, s'eſt par vne moderation & vne temperance ſans exemple
entre les Stoyques meſme, lié d'vn nœud
fainct & inuiolable auec la diuine Eu-
tymie. T. Sa morale eſt remplie de beaucoup de rares inſtructions, dont nous
pourrons nous entretenir quelque iour;
mais ſa Phiſique eſt vn peu eſtrange.

G. Il eſt vray que la Philoſophie
d'Epicure n'eſt qu'vne diuertiſſante &
docte reſuerie d'vn homme oiſif en ſes
Iardins ; il n'a pas eſté moins hardy à

Section
III.
De la
Philoſo-
phie des

forger fes principes que les autres Grecs ont efté à forger leurs fables. T. Ce deffaut eft prefque celuy de tous les fçauants de la Grece, & qui n'a voyagé qu'à Athenes, fans auoir paffé à Memphis & en Babilone, & plus auant encore vers les Indes n'a point veu les veritables fçauants. Les Empedocles, les Democrites, les Ariftotes, les Zenons ont tout corrompu pour auoir voulu tout defguifer, & fe rendre chacun chef de party. D. La vanité de cette gloire ne toucha iamais Epicure qui fut toufiours au folide; à la fanté du corps, & à la tranquilité de l'ame. Il ne mefle point de fictions ny d'ornemens en fes difcours, il fait partout vne profeffion ouuerte & naïfue de la verité, il l'enfeigne fans obfcurité & fans fafte, il parle en Maiftre & en Philofophe, les autres en Sophiftes & en Orateurs. G. Vous prenez auantage de ce que Theoclée & moy auons dit des anciens: mais ne vous en glorifiez pas Damis, voftre Epicure feul auec fon hafard qu'il fait

le fouuerain du monde, & fes petits
corps infenfibles eft le plus grand ref-
ueur de tous. D. Ie fçay bien que fon
genre de philofopher paroift extraordinaire d'abord, & qu'il ne femble pas
que la fortune puiffe compatir auec
l'ordre inuiolable du monde; mais ceux
qui profeffent fa doctrine ont leurs raifons pour la fouftenir, & quand vous
entendrez parler ces Silenes, vous trouuerez, Theoclée, qu'il y a peu d'hommes fobres qui raifonnent plus nettement, ny dont les opinions foient mieux
fuiuies. Voulez-vous, puis que le chaut
du jour dure encore, & que nous ne
pouuons laiffer ces allées couuertes ny
leur ombre impunément, que nous ef-
coutions, au moins pour nous diuertir,
ce qu'ils difent. G. Voyez vn peu ce Sophifte qui fouftient toufiours des pro-
pofitions incroyables, & qui maintenant, fi ie ne me trompe, auec fa fauf-
fe modeftie & fon apparente douceur,
eft tout preparé pour deffendre Epicure & fes principes contre nous deux.

T. Quoy, en defpit du grand Hercule qui n'entreprenoit point de combat fi inefgal! vous eftes jeune, Damis, gardez qu'en cette entreprife il n'y ayt plus de temerité que de valeur. D. Ie n'ay deffein que de m'inftruire auprez de vous, & vous faire iuge fi ie ne me fuis point trompé, quand à force de difcourir ce matin, ie me fuis ie ne fçay comment perfuadé que les principes d'Epicure, ces petits corps, ces parcelles impalpables & indiuifibles, non pas à la maniere des poincts de mathematique, qui felon noftre autheur ne fut iamais vne fcience, En vn mot, ces atomes font auffi bien caufe de tout que cette matiere premiere, qui n'eft ny quantité ny qualité, ny forme ny corps, qui ne peut fubfifter toute feule, vn pur receptacle des chofes, vne fimple puiffance paffiue, à laquelle pourtant, fi vous en croyez Ariftote, il faut attribuer vne efgalle neceffité d'eftre, qu'au premier moteur, ce qui eft tres-parfait, & ce qui eft tres-imparfait, n'exiftant

pas

pas felon luy plus neceffairemét l'vn que l'autre. Que direz-vous de fa priuation, qu'il fait vn des principes de la nature, c'eft-à dire ce qui n'eft point de ce qui eft , & qu'il affocie auec elle en toutes les generations? donc l'ignorance fera principe du fçauoir, la pauureté des ri-cheffes, la maladie de la fanté, le bien du mal. Recourir là-deffus à des diftin-ctions fophiftiques, c'eft difputer pour difputer. D'autre part, examinez ce Phi-lofophe, à la loüange duquel on difoit, que fi Iupiter vouloit parler, il parleroit comme luy, & voyez fi vous pourriez fouffrir ou vne matiere fans forme, ou des formes fans matiere, cóme fes idées; vne confufion effroyable de chaud, de froid, de cieux , d'elemens , de tene-bres, d'abifmes & de priuations eter-nelles. ; Enfin ce qu'il appelle cahos? pour ne rien dire des fabuleux retours des ames en des nouueaux corps; où il leur fait efteindre & r'allumer tant de vies: Ces Cocithes, ces Tartares, ces

Phlegethons, & tant d'autres chimeres d'vne imagination brouïllée. T. Vous n'efpargnez donc pas nos amis, & le ieune Damis attaque Platon. Quand il vous plaira ie vous feray voir qu'on impofe à ce grand homme beaucoup de chofes qu'il n'a point creuës, & qu'il propofe à la façon des Academiques feulement, pour entendre les opinions des autres, & defcouurir leur fentiment, referuant à dire le fien entre les initiez aux myfteres. G. De forte qu'il ne faut pas s'eftonner fi vn prophane, comme eft ce beau Difciple de Lucrece & d'Epicure, n'y a pas efté admis. D. Ceux qui ont efcrit que l'air ou le feu, l'eau ou la terre, ou tous quatre enfemble eftoient les femences de toutes chofes, ne furent pas plus raifonnables ; car fi elles ne fe peuuent engendrer de rien, comment eft-ce apres que le feu aura efté par de certaines mutations precedentes conuerty en eau, qu'il en pourra refter affés, par exemple dans l'ocean ; pour produire apres les autres fubftances ? tout ce qu'il y auroit eu de feu aupara-

uant ne feroit-il pas pery en vn corps
froid & humide, dont la nature eſt op-
poſee à la ſechereſſe & à la chaleur? &
ce qui ſe produiroit apres , ne ſe pro-
duiroit-il pas du neant, puis que le ſeul
principe qui eſt le feu n'y pourroit plus
rien contribuer? La meſme raiſon eſt
contre ceux qui n'admettent que l'air
ou l'eau, comme il eſt aiſé de le iuger.
Les parties ſimilaires d'Anaxagore qui
veut que toutes choſes ſoient en toutes
choſes, ſans prendre garde qu'il y auroit penetration des corps les vns dans
les autres, & ſans expliquer comment
infinies parcelles d'eau & de feu pourroient ſubſiſter enſemble , ne ſont pas
mieux inuentées que l'Amitié & la Diſcorde d'Empedocle, qu'il fait principes
de la generation & de la corruption du
monde , ſelon qu'elles diſtinguent ou
confondent les elements. Ce qu'il at-
tribuë encore tantoſt à la fortune qui
remuë ces grands corps, tantoſt à leur
propre nature ſans autre cauſe efficiente; De ſorte que pour vn homme ſage,

il eſt aſſés inconſtant. Outre que ces changemens perpetuels de feu en air, d'air en eau, d'eau en terre & reciproquement de terre en eau, d'eau en air, & d'air en feu, ſuppoſent neceſſairement vn commun ſujet qui les ſouſtienne, dans lequel, comme dans vn champ de bataille, les qualitez contraires ſe faſſent la guerre. Que ſi le bon Empedocle a recours à la matiere comme au fameux theatre où ſe font ces metamorphoſes; les elemens ne font plus premiers principes: dequoy pourtant il ne s'eſt pas auiſé? G. Vous ne deuriez pas traitter ſi mal vn Philoſophe que voſtre Lucrece a ſi bien traitté; ie ne ſçay ſi c'eſt par la reſſemblance que ſes opinions ont à celles de Leucippe, qui fut comme l'on ſçait, le premier inuenteur des atomes; mais il eſt vray qu'il en parle magnifiquement comme du premier homme de la Sicile, ou pluſtoſt, ainſi que d'vn demy-dieu. Ie m'aſſeure que Liſis n'aura pas oublié ce bel endroit, & que la grandeur de ſon ſtile,

l'aura encore rendu plus maieſtueux.
D. Voila le Liure de Liſis. T. Il eſt bon
de nous diuertir vn peu par vne ſi a-
greable lecture, & de voir ce que ce
Poete a dit de ce Philoſophe. G. Eſcoutez donc comme il en parle, en parlant de la Sicile.

N'y les bruyantes mers qui l'ont enuironnée,
Les Villes & les Ports dont elle eſt couronnée,
Ce_ _ monſtre entre les Monts, cét Etna furieux,
Qui de flâmes armé porte la guerre aux Dieux,
Qui bruſle inceßȃment, & n'eſt jamais en poudre,
Lutte auec le tonnere, & deſarme la foudre,
Et par des flots de feu l'vn ſur l'autre roulez,
Precipité la mort dans les champs deſolez;
Ce prodige fameux de la belle Sicile,
Et Ceres & Bacchus ſi riches dans ſon Iſle,
Ne portent pas ſon nom au poinct, où l'a porté,
D'vn Empedocle ſeul le labeur indompté.
Ses gra...ds vers inſpirez par vn diuin genie,
Ont triomphé du temps & de ſa tyrannie,
Les ſiecles precedens n'auoient rien veu de tel,
Et la Grece a douté s'ils partoient d'vn mortel.
La Vierge d'Apollon, & le Dieu qui l'entraiſne,

Sa fureur prophetique & sa voix plus qu'humaine
Delphe & tous ses lauriers n'ont rien de plus sacré.

D. La passion que i'ay pour la gloire de Lisis empesche, que ie ne me plaigne de l'interruption, que Gelaste a fait assés hors de temps. Mais pour reuenir à nos Philosophes; que diray-je de la destinée des Stoïques & de leurs autres visions, qui ont obligé vn des plus polis & des plus sçauants hommes de la Grece, à souftenir que ce genre de sages disoit des choses plus incroyables que les Poëtes? G. Pensez-vous quitter ces belles allées & leur ombrage, Damis, pour vous aller promener par toutes les sectes: demeurez ie vous prie icy auec Epicure, & voyons à loisir le merueilleux ouurage de ses atomes. T. Vous ne voyez pas le fruit qu'on peut recueillir des obseruations de Damis, cét examen qu'il fait des faux principes des Anciens, peut establir la religion diuine sur les ruines de la philoso-

phie humaine ; nous apprend à nous
desfier de noftre raifon, & nous auer-
tit tacitement qu'il faut recourir à vne
plus haute pour nous conduire. G. Voila faire feruir de bonne grace vn Épicu-
rien au Chriftianifme , & nous mener
par les erreurs du paganifme à la verité. Mais ce n'eft pas le deffein de Damis ; & quand il auroit prouué, ce dont
vous & moy ne doutons pas, que les
chofes ne furent iamais inuentées &
parfaites en mefme temps ; que pour
confeiller la Philofophie le iour fuiuant
à d'ordinaire efté plus fage que ceux qui
l'ont deuancé ; qu'auroit-il fait pour
la gloire de fon Epicure ? D. I'aurois
monftré ce qui ne fe voit point ailleurs,
& ce que vous n'auez peut-eftre iamais
pû croire, que les principes & les con-
fequences de fa phifique s'enchaifnent fi
neceffairement, & s'eftabliffent fi bien
les vns par les autres, qu'en fes mondes inombrables, & en fes corps infinis, vous ne voyez rien qui fe defmen-
te. C'eft ce que ie pretend, & ce qui

ſuffit pour la gloire d’vn homme qui
ſans plus haute lumiere que de la nature, raiſonne ſur tout ce qui ſe preſente. X Eh quoy, l’ingenieuſe tiſſure d’vn
Romant vous rauit; la ſuite des auan-
tures dont les ſecondes naiſſent des premieres, & les troiſieſmes des ſecondes,
comme d’elles-meſmes, vous fait paſſer
les iours & les nuits entre de fauſſes
douleurs & de fauſſes joyes : Vous vous
ſauuaſtes dernierement de ma viſite,
comme d’vne perſecution, par ce, diſiez-vous, que vous ne pouuiez abandonner Armide à ſon deſeſpoir, & vous
ne pouuez oüyr vn quart d’heure le
bon Epicure ? G. Pourſuy Damis, ie ne
ſouffle pas ſeulement.

Damis.

Section
I V.
Des pre-
miers
princi-
pes,&de
la produ-
ction des CE qui eſt, diſoit noſtre Philoſophe,
ne ſe peut faire de ce qui n’eſt pas,
où toutes choſes ſe feroient de toutes
choſes ſans auoir beſoin d’aucunes ſemences. Pareillement ce qui meurt ne
perit point, & ne peut eſtre aneanty,

il

il ne fait que changer d'ordre & de po- *choses*
fition, autrement tout feroit aboly, il *felon*
y a long-temps: & apres la diffolution, *Epicure.*
les corps mixtes ne retournant point
aux fimples parcelles, qui s'eftoient affemblées pour les compofer, la mort de
l'vn en fuitte ne feroit plus la naiffance de l'autre, & le cercle des reuolutions feroit finy. L'Vniuers a pourtant
efté & fera toufiours tel que nous le
voyons, car hors fon tout, il n'y a rien
enquoy il fe puiffe changer. Chaque
efpece de changement fe fait en luy par
l'amas & feparation des atomes qui font
principes éternels, & non periffables;
pour ce qu'il n'y a point de force qui
les puiffe corrompre ou violenter. La
raifon c'eft, que leur fimplicité & leur
folidité les conferue toufiours ; or ce
qui eft parfaitement folide ne fe peut
miner, & ce qui eft fort fimple ne fe
peut diffoudre : & la corruption n'eft
qu'vne diffolution de parties. L'vniuers
eft infiny, ou bien il y auroit quelque
chofe au de-là ; il auroit fes extrémi-

D

tez & ſes bornes ; mais on n'en peut
conceuoir qui le reſſerrent au poinct de
l'empeſcher qu'il ne s'eſtende touſiours
plus auant & plus loin. S'il n'a point
de limites qui l'arreſtent, il n'a point
de fin ; ce qui n'a point de fin eſt infiny. Que ſi l'on admet les change-
ments, comme nous y ſommes contraints, il faut qu'il y ayt des corps, du
mouuement & du vuide. Les corps,
& le vuide ſont infinis, & ſans eux l'y-
niuers ne le pourroit eſtre. Et puis ſi le
vuide eſtoit infiny, & que les corps ne
le fuſſent pas, ils ſeroient continuelle-
ment diſperſez par la vacuité infinie,
ſans trouuer où s'arreſter : & ſi le vuide eſtoit finy, les corps infinis n'auroient pas de place où ſe loger. L'agitation des atomes, qui ſont ces petits
corps infinis en nombre, eſt perpetuelle du haut en bas, & du bas en haut,
dans vn infiny inferieur & ſuperieur;
au moins le faut-il conceuoir ainſi, &
les principes des choſes, comme dit noſtre Philoſophe, ſe doiuent pluſtoſt com-

prendre par la pensée que par les sens.
T. Quelle instruction pour ceux, qui
par les sens pretendent iuger des choses
purement intelligibles! D. Les atomes
sont capables de tous les mouuements
opposez, autrement ils ne pourroient
tout faire & tout desfaire. Ils ont des
figures sans nombre qui suffisent à la
varieté de la nature, & par qui ils se
lient ensemble. Demander d'où cela
leur vient, c'est demander pourquoy le
feu brusle, & pourquoy vn arbre n'est
pas vn rocher; en vn mot, telle est la
necessité de leur estre. De chaque sorte de figures, il y a vn nombre inombrable, & leurs diuers meslange produit la diuersité des corps meslez: comme le diuers nombre des lettres & la
diuerse façon de les transposer produit
vne infinité de mots. G. La transposition des caracteres, quoy qu'ils soient
tous de mesme metail fait les tragedies
& les comedies, a dit quelqu'vn des anciens, quoy que les suiets en soient bien
volontaires. D. Il ne faut donc pas se

stonner ſi le diuers aſſemblage des atomes diuerſement figurez fait tant de
productions differentes. Ils ont vn mouuement interieur cauſé de leur peſanteur naturelle : de là vient qu'ils s'agitent ſans ceſſe. Ils ſe rencontrent dans
le vuide, & ne cedant point l'vn à l'autre à cauſe de leur ſolidité, ayant des figures diuerſes, & acquerant diuerſes
ſituations, il eſt neceſſaire qu'ils s'ap-
prochent, & qu'ils s'eſloignent en vne
infinité de manieres, & que peu à peu
ceux qui ſe lient, s'eſtendent & croiſ-
ſent, pour ainſi dire en grandeur : qu'ils
ſe rendent ſenſibles, & palpables. Ainſi les petits grains de pouſſiere dont le
vent ſe jouë ne ſont viſibles que par leur
nombre, alors qu'ils ſont amaſſez. Si
vous deſirez ſçauoir d'où vient leur
perpetuel mouuement, ſoit qu'ils ſoient
vnis ou diuiſez les vns des autres ; c'eſt
que le vuide eſt diffus parmy eux, lors
meſme qu'ils ſont les plus eſtreints enſemble dans les corps qu'ils ont compoſez. C'eſt pourquoy il n'y a point

d'vnion qui les lye ſi fort, qu'ils ne ſe
puiſſent déprendre. G. Comment cela ? D. Pour ce que les figures des A-
tomes ſont fort differentes ; les vnes
ſpheriques, les autres triangulaires, les
vnes cubiques, les autres piramidales,
elles ne ſe peuuent pas ſi bien lyer enſemble qu'il n'y ayt touſiours quelque
que vuide entre leurs angles : ces va-
cuitez ſont ce qu'on appelle les Pores.
Et pour leurs qualitez actiues, on ne
peut ignorer ce que tout le monde ſçait :
que les machines quoy que de meſme
matiere ſont plus ou moins peſantes,
ſelon qu'elles ſont figurees, que le fer eſtendu en feuïlle va ſur l'eau, & coule à
fonds eſtant reſſerré en boule, qu'vne
eſpée bien affilée & bien pointuë perce & tranche les armes, qu'elle n'enta-
meroit pas ſeulement, ſi la pointe eſtoit rompuë & emouſſée. G. Que pre-
tendez-vous par là ? D. Qu'on ne doit
pas trouuer eſtrange que des corps qui
ne different que de figures faſſent des effets ſi differents. Les atomes ſe heur-

tent donc, & s'entre-choquent tousiours. Ainsi les mondes s'engendrent
& se corrompent, apres de fort longues reuolutions : & de dire qu'il n'y
ayt qu'vn monde, à sçauoir celuy que
nous voyons ; c'est dire qu'il n'y a
qu'vn lion ou qu'vn homme, non plus
qu'vn Phenix de son espece. C'est croire que dans vn champ il n'y a qu'vn é-
pyc de bled, & qu'vne tulippe dans vn
parterre. Seulement, ce qui est fort à remarquer, les corps meslés, comme sont
les rochers, les chesnes, les diamants durent dauantage, ou la liaison des ames est
plus forte & plus serrée: si bien qu'ils n'ōt
pas tout l'espace qu'il leur faudroit pour
se détacher promptement. Ils ne sont
pas ainsi dans les Bluettes de feu, dans
l'Iris, dans les hemerocalles, ces corps
pour estre lasches sont bien-tost dissouts,
& leur consistence n'est pas de durée.
G. Vous parlez des atomes comme des
premieres substances, mais vous ne parlez point de leurs accidens. D. Ie vous
ay dit quelque chose en passant de ceux

qui en font separables : Les inseparables sont, la grandeur, la figure, le poids ou leur inclination naturelle à se mouuoir. G. Et les inseparables? car ie veux sçauoir distinctement tous ces mysteres. D. C'est la connexion ou l'enchaisnement, l'position ou l'ordre & la conuenance auec les generations. Ce qui respond à ce que l'on pourroit dire pourquoy du fortuit rencontre de ces parcelles infinies, car comme vous allez voir, Epicure ne reconnoissoit point d'autre cause efficiente du monde que le hasard, ne s'engendrent pas des Chimeres, des Centaures, des Harpies, ainsi que des animaux parfaits? la raison n'est pas mal-aysee; c'est encore que ces petits corps soient incessamment a-gitez, & que selon qu'ils se rencontrent ils diuersifient l'ordre qu'ils ont ensemble, le tygre toutefois ny le lion ne se produisent pas tousiours, il faut dire de mesme du reste, mais seulement lors que leurs principes sont disposez comme il faut par ces mouuements inopinez. Alors ce qui en refulte fe dit eftre bien difpofé par hafard. Empedocle auoit la mefme opinion des elements en la production des animaux: fans admettre de caufe finale, il enfeignoit que tout fe faifoit aueuglément par la feule neceffité de la matiere. Ce que les premiers Phificiens appelloient fe faire par accident. Et pour ce que la matiere eft fans connoiffance, la difpofition des organes, par exemple, ne fe peut faire que hazardeufement. Donc s'il arriue que d'vn million de fois l'vne, plufieurs de ces petits corps emportés dans le vuide d'vn mouuement tres-vifte, fortuit & non confulté, viennent à fe rencontrer, & à fe lyer enfemble par la conuenance de leurs figures; il fe compofera des mixtes parfaits de ce rencontre fauorable, qui fubfifteront apres par leur nature. Si au contraire le hazard ne reüffit pas, ils ne pourront iamais fe former ou periront incontinent. Il n'y a donc pas de Centaures de Chimeres, ny de Harpies,

pour

pour ce que la qualité des figures qui
les deuroient compoſer eſt toute contraire : & que ces monſtres ne pourroient iamais ſubſiſter à cauſe de la repugnance de leurs principes. Mais quand
les petits corps qui ont de la conformité enſemble viennent à s'vnir , quoy
que par hazard, ils produiſent des ſubſtances reelles, qui ſubſiſtent apres d'elles meſmes , & engendrent leurs ſemblables tant que l'agitation continuelle les ait des-vnis. Ainſi , dit-on, que
le grand Apelle (quoy que cét exemple
ſoit de ces choſes, que nous ſçauons, diſent les Grecs, auant que Theognis fut
né) apres auoir broüillé & rebroüillé ſes
couleurs, & ne pouuant par toute l'induſtrie de ſon Art, repreſenter la bouche eſcumante de Bucephale, ietta ſon
eſponge de deſeſpoir , qui fut ſi iuſte-
ment portée où il falloit, que le hazard
acheua ce que ſa ſcience n'auoit peu
faire. Ainſi encore nous voyons des
cheſnes dont les glands ont eſté fortuitement reſpandus, qui ne laiſſent pas de

compoſer des foreſts toutes entieres.
Ce qui arriue par la conuenance des
aſſemblages , ou pour le dire encore
plus clairement, par la conformité des
meſlanges.

Par ce diſcours , il me ſemble auoir
aſſez monſtré que des corps , les vns
ſont ſimples & indiuiſibles , les autres
diuiſibles & compoſez. Les premiers e-
ſtant immuables ſubſiſtent par la ſim-
plicité de leur nature , qui ne ſe peut
diſſoudre en quoy que ce ſoit: Les derniers ſont muables & mortels , & qui
de temps en temps ſe reſoluent en leurs
principes. Les eſprits communs, eſcla-
ues pluſtoſt que diſciples de leur Ariſtote , prendront pour vne fable cette
Philoſophie des petits corps inuiſibles;
& cependant tous les principes des Phi-
ſiciens ne ſont pas plus ſenſibles que
ceux d'Epicure : Les parties ſimilaires
d'Anaxagore , la Diſcorde & la Paix
d'Empedocle , les Idées de Platon , la
matiere premiere & la priuation d'Ariſtote. Enfin tous les corps eſtans inui-

fibles en eux-mefmes, ne s'apperçoiuent que par la lumiere & la couleur.
T. Cette obferuation peut par les maximes d'Epicure conuaincre les liber-
tins qui doutent de la Diuinité & de
l'Ame humaine, pour ce qu'ils ne les
peuuent voir. D. Quoy plus? tous les
iours les vents qui font tant de raua-
ges, ne s'efleuent-ils pas d'exhalaifons
imperceptibles? que fi l'on ne voit pas
les liens qui les attachent & les affem-
blent pour former les orages & les tem-
peftes; vn Chimifte vous dira qu'on ne
voit pas non plus, comment l'or reduit
en eau, & cette eau reduite en poudre
impalpable fur le feu, par vn fecret de
l'art fe reünit en maffe comme auparauant.

Luc. l. 1.

Des pas des animaux les pierres font vsées,
Et par des gouttes d'eau les roches font creusées,
Et le fer & l'acier de nos coultres trenchants,
Sans en rien voir tôber decroiffent dans les champs.
Aux Palais enrichis de figures antiques,
Curieux ornemens des falles magnifiques,

Tout solide qu'il est le bronze se ressent,
De l'indiscrette main qui le touche en passants
Et de tous nos argus la plus subtile veuë,
Ne peut voir à l'instant ce qui s'en diminuë.
On voit bien ces rochers qui pendent sur les Mers,
Et qui domptent Neptune en despit des hyuers;
Mais de quel œil voit-on l'insensible ruine,
Que leur fait chaque iour l'Ocean qui les mine.

Et ailleurs,

Ces tyrans des vaisseaux, ces monstres deceuants,
Ces demons de la Mer, qu'on appelle les vents,
Et contre qui nostre art vainement se mutine,
Nous ont-ils descouuert quelle est leur origine;
Et peut-on discerner ce qu'ils sont deuenus,
Quand le Ciel est serain, & qu'ils ne soufflent plus?

Dauantage.

Et les foudres du Ciel sont-elles pas formées
Dans le milieu des airs d'inuisibles fumées?
Tant pour tromper les yeux qui la veulent chercher
L'enuieuse Nature a soin de se cacher.

Il eſt encore neceſſaire de remarquer
que le monde où nous ſommes , n'eſt
qu'vne parcelle retranchée de l'infiny,
& que la ſemence d'vn nouueau monde s'eſcoule petit à petit de la decaden-
ce d'vn, ou de pluſieurs. T. C'eſt ce qui
faiſoit le deſeſpoir d'Alexandre, de ce
que n'ayant pas encore conquis vn monde : il luy en reſtoit d'inombrables à
conquerir. G. Cette opinion n'a ie croy
eſté publiée des Philoſophes que pour
faire enrager les conquerans. Par la meſme maxime ils ont dit que leur Dio-
gene dans ſon tonneau & ſa pauureté
tranquille & innocente eſtoit plus heureux que ce fils de Philippes; ou ſi nous
craignons d'irriter ſes Manes, que cette race du foudroyant Iupiter, ne fut iamais dans Ecbatane & dans Babylone,
conſommé d'vne inſatiable auarice de
gloire, & d'vne bruſlante ardeur de do-
miner. G. L'Amerique qui a eſté deſ-
couuerte comme de nos iours , quoy
qu'elle aye les meſmes poles, & ſoit en-

fermée du meſme Ciel qui nous enuironne, Thulé, qui n'eſt plus la derniere
Iſle du Septentrion , & ces aſtres qui
ſont tant de fois, diſent vos Mathematiciens, plus grands que la terre, & qui
chacun font leur monde à part , à ce
que les plus ſçauants ont creu , iuſti-
fient en quelque ſorte la croyance des
mondes inombrables. Outre qu'il n'y
a pas d'apparence que les principes eſtant infinis, ils n'ayent que des effets
limitez , comme eſt tout ce que nous
voyons. G. Ces principes ſont vos a-
tomes, mais dites-moy vn peu, quelle
eſt leur grandeur , pour ce que ſur cette queſtion, pluſieurs, à ce qu'on dit,
ont fait de fort longs diſcours ſans ſe
bien entendre. D. Cette grandeur ô
curieux Gelaſte, eſt compriſe entre vne
extremité imperceptible & vne eſtenduë terminée de la veuë. C'eſt la derniere ſection des corps naturels; & il eſt
impoſſible de rendre raiſon pourquoy
elle ne s'eſtend pas plus auant que de
pouuoir eſtre apperçeuë des yeux. Il

y a ainſi vne infinité de choſes que nous
ne pouuons clairement connoiſtre, qu'il
faut, diſoit Epicure, laiſſer à la garde
des Deïtez. Car ne vous imaginez pas
qu'il fut de ces dogmatiques preſomp-
tueux, leſquels ſe vantent de n'ignorer
rien. Et comme a dit le moderne Co-
lotés.

Il nous faut auoüer que la lumiere obſcure,
Qu'à l'eſprit des mortels preſente la Nature,
Meſle ſon peu de jour de tant d'obſcurité,
Que jamais ſans bandeau ne luit la verité:
Et parmy les trauaux de la plus longue eſtude,
Il n'eſt rien de certain que noſtre incertitude.

Ie croy vous auoit aſſez expliqué
comment tout ſe peut compoſer &
diſſoudre, auec les generales proprietez
des atomes. Voicy côme ſe fait le mouuement. Chez nous, chaque corps
prend la place qu'il trouue vuide, &
laiſſe la ſienne au premier qui l'a pourra occupper. Il ne faut point auoir recours, comme Ariſtote, à des conden-

fations & des rare-factions eternelles,
dont les noms feuls ne me font pas
moins eftranges & barbares, que ceux
de Xanthe, de Scamandre & de Si-
mois l'eftoient autrefois à Penelope.
Les principes donc, felon noftre Philofophe, font le vuide, & les atomes.
Ce fort efprit a trouué les caufes de tout
ce qui fe fait deffus & deffoubs la terre, des hommes & des Dieux. Il les e-
xempte du ridicule foin de nos affaires, lefquelles ne meritent pas de les
occupper ny d'interrompre leur felicité immuable : Outre qu'il n'en eft pas
befoin, puifque le hafard y fuffit. T.
Le hafard eft fage fi cela eft, & Epicure fait comme ceux qui changent le
nom de Dieu en celuy de Nature, &
appellent diuerfement vne mefme chofe. Appellez la caufe efficiente de tous
les eftres comme il vous plaira, toufiours il y en a vne, & nous ne difpu-
tons plus que du nom, ce qui eft tres-
indigne d'vn Philofophe. G. Voyons
vn peu cecy en paffant. T. La confequence

quence en eſt manifeſte. Il eſt arriué
vne infinité de fois ſelon Epicure, car
il croit que les mondes ſe desfont & ſe
refont inceſſamment en leur tout & en
leurs parties, que du fortuit rencontre
des atomes, inombrables Cieux & elements ſe ſont engendrez & corrompus dans l'vniuers, ont gardé par de
longs ſiecles l'ordre que nous voyons,
& l'ont rompu : A moins que de
changer la definition des choſes, ce haſard fait le meſme effet que la deſtinée,
ou la prouidence ; Il n'eſt plus cauſe
de ce qui aduient rarement, & il a ré-
vſſi infinies fois en la production des
mondes entiers. Quelle ſouueraine puiſſance aſſiſtée d'art & de conſeil auroit
pû faire d'auantage ? D. Beaucoup de
choſes meilleures & plus parfaites que
celles qui nous offençent tous les jours
par leur corruption & leur deſordre.
Car l'occaſion à mon aduis qu'à euë
Epicure de philoſopher comme i'ay dit;
C'eſt que l'on trouue tant à redire non
ſeulement à la conduite des particu-

liers , mais des Eſtats & des Republi-
ques ; tant d'imperfection dans les ouurages de nature, que c'eſt bleſſer le reſpect que l'on doit à la ſageſſe diuine de
croire qu'elle y ſoit meſlée. T. Si vous
auiez leu le liure des queſtions diuerſes
concernant la Prouidence , ou comme
d'autres le nomment la reuelation des
myſteres cachez en la conduite de l'hôme & du Monde , Vous auriez trouué
que les mauuais enfans de la Nature
prennent le ſcandalle mal à propos, &
que c'eſt leur eſprit qui erre & non pas
elle quand ils l'accuſent de faillir.   G.
Laiſſons acheuer Damis & ne broüil-
lons point les queſtions. T. Il eſt vray
que tout ce que nous auons à faire
contre luy, laiſſant à l'Autheur dont ie
vien de nommer l'ouurage , à rendre
raiſon de la proſperité des meſchans,
des prodiges & des monſtres, des éclip-
ſes , des zones bruſlées , & des zones
froides , de la mort precipitée des hô-
mes, des foudres, & de cent autres dif-
ficultés, qui eſtonnent les eſprits foibles,

Tout ce que nous auons à faire, dis-je,
& ce que nous auons entrepris dés le
commencement de noftre entretien ;
c'eft de monftrer qu'il y a de l'ordre
dans le monde, & que cét ordre ne peut
eftre eftably ny entretenu par hafard.
D. Si vous attribuez la difpofition de
toutes chofes à la Deïté, vous la char-
gez de plus d'affaires que le plus intri-
gué de tous les hommes : Elle qui fans
aucune paffion, fans douleur & fans
colere, loin des troubles & des embar-
ras de la vie, meine vne vie fuffifante
à foy mefme dans vn inuiolable repos.
Ainfi, ce qui femble vn paradoxe d'a-
bord, c'eft par maxime de religion qu'E-
picure n'a point creu de Prouidence. Il
a pourtant reueré les Dieux: mais de
quelle genereufe façon! non point à la
maniere des efclaues par crain , ou
des auares par intereft: feulement par
l'excellence pure, & la beauté de leur
eftre. Et que les Stoyciens le trouuent
eftrange tant qu'il leur plaira , ne leur
en defplaife, je croy que la nature diui-

ne vaut bien ce qu'ils appellent vertu à laquelle, comme à la derniere fin, ils veulent tout rapporter, & qu'ils profeſſent de ſuiure iuſques à la mort pour elle-meſme.

La fin d'vne telle Philoſophie eſt, de deliurer les hommes des erreurs vulgaires, & par la connoiſſance des cauſes, purger l'ame de la ſuperſtition, luy donnant la tranquilité.

Voila ce que ie liſois ce matin dans l'immortelle poeſie du ſçauant Lucrece. Pour auoir ſi bien entendu & enrichy de tant d'ornemens, ces ſpeculations philoſophiques, ie le mets au deſſus de tous les Poetes. Et je croy que comme tel, il a bien pû prendre la licence de ſe loüer, & de dire, parlant de ſoy, ce que je veux vous monſtrer ſi heureuſement tourné par Liſis.

D'vn haut deſir de gloire en mon cœur inſpiré,
A l'amour des neuf ſœurs je me ſens attiré.
Loin des chemins battus genereux je m'approche,
Des penibles ſentiers de leur ſuperbe roche,

Ou d'efforts redoublez, & de pieds & de mains,
Ie m'esleue en despit du reste des humains,
De leurs sacrez ruisseaux la source m'est connuë,
Il me plaist de la voir qui voisine la nuë,
D'y boire auec les Dieux, & de cueillir les fleurs,
Qu'vn eternel printemps émaille de couleurs:
Pour en parer mon front la Muse me façonne,
De feuilles d'Amaranthe vne illustre couronne,
Que pas vn des mortels ne m'ose disputer,
Et le temps ne la voit que pour la respecter.

G Elaste. Ie voy bien Damis, que *Section* vous n'auez gueres d'attachement *V.* au monde de l'exposer ainsi au hasard. *Refuta-* Si j'estois Capitaine, ie ne voudrois pas *tion du* que vous fussiez mon General, car quel- *hazard* le conscience feroit de hasarder la vie *d'Epicu-* d'vn homme, celuy qui hasarde tout *re.* l'vniuers? D. Raillant à vostre ordinai- re, vous accomplissez le presage de vo- stre nom. G. Il est vray que cent fois i'ay pensé esclatter de rire, oyant le joly agencement de ces petits corps .Epicure a esté bien hardy de leur auoir fié toutes choses. Pour moy quoy que les caracteres fussent prests, le papier trempé, les balles preparées & la presse, ie ne voudrois pas hasarder vn sonnet entre les mains d'vn ignorant apprentif, deust-il auoir la patience de les remuer toute vne semaine. D. Ce sont des railleries & non pas des raisons. G. Ie ne pense pas qu'il en soit besoin en vne chose qui se refute de soy-mesine, car nul exemple ne peut iustifier ce que vous dites, que le monde ayt esté fait aueuglement & par hasard. On voit souuent ces petits corps qui voltigent au Soleil, & dont vostre Lucrece prend quelque part, sa comparaison pour exprimer le choq & l'entre-lassement des atomes: mais on ne leur a iamais rien veu produire. S'ils m'auoient fait vne maison, vn cabinet, ou le moindre ameublement, ie les en remercierois toute ma vie. A dire vray il n'y eust iamais de plus creuses imaginations que celles du bon Epicure. Vn Philosophe extrauaᵹant que l'on introduiroit à la table de certains Princes , à ce genre d'hommes qui connoiſt ſi rarement la verité, pourroit à deſſein de les diuertir conter ainſi quelque fable. Ce n'eſt pas que vous n'ayez embelly & expliqué ſa doctrine aſſez clairement, veu les grandes obſcuritez dont ſont couuertes par tout les opinions d'Epicure, quelque clarté & quelque pureté de ſtile qu'il ayt affectées. Que s'il eſt permis de renouueller l'ancienne forme du Dialogue ou l'on inſtruiſoit les autres, & ſoy-meſme en demandant : eſt-il contingent aux atomes de ſe mouuoir en bas, gauchiſſant vn peu à coſté ? car il me ſemble auoir oüy dire que pour ſe rencontrer, & pour ſauuer la liberté de l'homme , il ne faut pas que vos petits corps ne ſe meuuent qu'en droite ligne & à plomb ? D. Non Gelaſte. G. Ces figures rondes, quarrees, triangulaires, leur arriuent-elles d'ailleurs, ou ſi leur nature eſt telle. D. Leur nature eſt telle ; autrement les principes ne

ſe lieroient iamais enſemble, & c'eſt par
leur liaiſon que le monde a eſté fait: au
moins, s'il en faut croire les annales &
les hiſtoires qui depoſent par tout que
le monde a commencé. T. Dites s'il
en faut croire les raiſons d'Epicure &
de Lucrece: celles des Stoyciens & de
Platon. Ce qui monſtre que la croyance d'vne premiere origine du monde
eſt generalle, quoy que la verité de ſa
creation ait eſté obſcurcie de tant de
fables par les Philoſophes & les Poetes
Grecs, qu'il eſt mal-aiſé de la reconnoiſtre. Mais comme a dit quelqu'vn
des anciens.

Bien que le temps jaloux des veritez celebres,
Oppoſe à leur eſclat ſes plus noires tenebres,
Dans la plus ſombre nuit leurs rayons eſclattans,
Ont touſiours triomphé de l'erreur & du temps:
Leur feu luiſant & pur ne va point en fumée,
Et pour le conſeruer veille la Renommée.

D. Theoclée fait par tout valoir ſa Theologie, de laquelle nous ne doutons pas;

Il n'y a pas vn Chreſtien qui ſur ce
poinct ne ſoit d'accord auec les He-
breux. Mais, raiſonnant auec Epicure,
on peut dire que ſi le Monde a commencé, il a pû commencer par vn fauorable rencontre des atomes, qui ſans
ceſſe agitez dans le vuide infiny en
grandeur, eſtant eux-meſmes infinis en
nombre, & apres auoir eſſayé toute ſorte de mouuemens & de liaiſons, ſelon
qu'ils ſont petits ou grands, polis ou
mal polis, ronds ou quarrez, ont enfin
compoſé des corps figurez de toute
ſorte, leſquels ont eſté diſpoſez ainſi
que nous le voyons, quand vne fois ils
ont eſté meus conuenablement à leur
nature. Les atomes dont la terre eſt
compoſée, pour ce qu'ils ſont plus ru-
des & plus crochus, mieux ſerrez enſemble & entrelaſſez, ont laiſſé moins
de vuide entre les parties de cette maſſe, d'où vient qu'elle eſt la plus peſan-
te. Les eaux mobiles & coulantes ſe
ſont placées autour d'elle comme moins
lourdes qu'elle n'eſt pas, & trouuant

G

vne pente aux lieux creux & enfoncés,
s'y font d'elles-mefmes r'enfermées. Si
ce n'eſt qu'on veüille dire qu'elles les
ayent cauez auec le temps. L'air ſubtil
& penetrant s'eſt coulé de toutes parts,
& le feu plus actif & plus leger que le
reſte a pris le deſſus ; Il faut à proportion raiſonner de tout le reſte : & c'eſt
cette proportion que ie puis nommer
icy la grande reconciliatrice du Monde. G. Pourquoy ? D. Pource qu'auparauant cette juſte conuenance des
mouuemens & des figures ; les ſemences éternelles ne faiſoient que ſe broüiller inutilement. Donc, ô Gelaſte, Gelaſte,

De tant d'effets diuers, les cauſes éternelles
N'ont point aſſocié la raiſon auec elles ;
Et pour fondre la terre & placer le Soleil
Ne s'accorderent point à prendre de conſeil.
Mais ces corps infinis & diuers en figure
Dans vn eſpace immenſe errants à l'auanture,
Ont tant de fois changé d'ordre & de mouuement,
Et ſe font tant de fois meſlez diuerſement ;

Qu'enfin d'vn beau rencōtre ils ont trouué la place
Où chacun d'eux reluit auecques tant de grace.
De cét heureux concours les Fleuues sont sortis
Pour grossir de leurs eaux l'Empire de Thetis :
Et les mobiles feux dont la course feconde
D'vn cercle de lumiere a couronné le Monde.

Cela s'eft rencontré par hazard premierement. Depuis les Cieux & les Elemens ont continué chacun conuenablement au meflange de fes atomes &
à la liaifon qu'ils ont enfemble. Ou pour
le dire plus clairement , chaque chofe
eft demeurée auec les accidens, qui luy
font propres: les pierres auec leur poids,
le feu auec fa chaleur , la liqueur auec
l'eau. G. Quoy , fans qu'vne fupréme
Sageffe ordonne des chofes ? D. Ie vous
ay defia dit que cela n'eft pas neceffaire, & qu'il fuffit du hazard. G. Le hazard n'eft-il pas vne caufe par accident.
Et toute caufe par accident ne fuppofe
elle pas vne caufe qui foit telle par elle
mefme ? D. Elle fuppofe des atomes,

des figures inombrables, & la neceſſité
qu'à la matiere de ſe mouuoir. G. Que
fais-tu Damis ? tu meſles & confonds
le cas fortuit auec la neceſſité indiſpenſable , le contingent auec le neceſſaire. D. Voila ce qu'on nous reproche touſiours , & on ne ſe ſouuient iamais de nos maximes. Ce qui eſt tel
de ſa nature n'eſt point contingent; &
c'eſt la nature des atomes de ſe mouuoir, & de s'vnir par leurs figures. Seulement, il eſt de la contingence, que ce
mouuement produiſe le Monde. Ainſi
faut-il que l'eau ſubtiliſée par la chaleur s'eſleue en vapeurs, il eſt neceſſaire
que le froid de la moyenne region de
l'air les reſſerre , qu'eſtant reſſerrées elles ayent plus de poids ; qu'eſtant peſantes elles tombent: Mais qu'en tom-
bant elles pourriſſent les ſemences ou
les faſſe croiſtre ; qu'elles arrouſent ou
noyent les parterres de fleurs: cela arriue par accident, ſans aucune intention
de leur part. Ainſi en eſt-il des vents,
des foudres, & de tous les meteores, de

la course du Soleil, & du mouuement
des estoilles.   C'est par accident que le
Ciel nous eschauffe, ou qu'il nous brusle ; que les Astres nous sont ou fauorables ou contraires.   La preuue indubitable, c'est que ces corps quoy que celestes ne deliberent point, & ne cog-
noissent pas la fin pour laquelle nous
nous imaginons qu'ils roulent.   Ce qui
a fait dire à vn nouueau Pythoclés.

Cét Astre qui fait honte aux feux du Firmament
Porte le jour au Monde auec aueuglement.
Il s'ignore soy-mesme, & ne sçait point l'vsage
Du thresor des clartez qu'il possede en partage,
Et sans distinction ny de bien ny de mal,
Il est propice à l'vn, à l'autre il est fatal.

G. Il est donc de la contingence qu'il
face chaud en Esté & froid en Hyuer,
que la fin des automnes soit humide &
pleine de brouïllars, que le Printemps
ouure la terre par les zephirs, la rosée
& la douce chaleur du Ciel. D. Le contingent, ainsi que vous l'entendez, est

fouuent en cela meflé auec le neceffaire, & de tous ces effets l'vn pourroit
eftre auffi-toft que l'autre. Auffi gelet-
il quelquefois en la canicule,& quelque
fois le Soleil brufle au mois de Mars.
G. Les Labourreurs pourroient donc fe-
mer auffi bien en Efté pour recueïllir
en hyuer, qu'en automne pour faire
leur recolte l'Efté. Les jardiniers pourroient auec vn efgal fuccez planter en
toutes faifons, les Pilotes fe mettre fur
la Mer en tout temps : ou bien tous les
hommes de tous fiecles & de toutes pro-
feffions, connoiffans les lieux & les aages, pour ainfi dire, des bleds, des fleurs
& des vents, & voyant à quoy chaque
chofe eft deftinée par la nature; ont par
vne raifon iuftifiée de l'experience generale, efté perfuadez que ce qui arriue par hafard, comme la gelée au mois
d'Aouft, & la chaleur en celuy de Fé-
vrier, n'arriue iamais deux fois de mefme façon ny le plus fouuent; que les
Hyuers font toufiours, ou d'ordinaire
pluuieux ou froids, les Eftez tout au

contraire, & qu'ainſi il ne falloit pas
changer l'ordre de l'ancienne agriculture, qui s'eſt touſiours gardé par tout
inuiolablement. Comme quelques taches en vn beau viſages ne rebuttent
pas les amants, vn peu d'inconſtance
aux ſaiſons ne fait point abandõner leur
art aux matelots ny aux mariniers, non
plus que l'opinion de la prouidence au
Philoſophe.

T. Il voit par l'Aſtronomie, que
tous les Cieux ont vn ordre perma-
nent & immuable; que rien ne s'y fait
caſuellement. Mais que tout y perſeuere dans vne beauté, & vne ſplendeur incorruptible. C'eſt toutefois la
grande, & la principalle partie du
Monde, au prix, le reſte n'eſt qu'vn
poinct. Il ſçait par ſes propres ſens, qui
comme dit Epicure, ſont les Iuges infaillibles des cognoiſſances, que la terre ſelon qu'elle eſt eſleuée en colines.
eſtenduë en playnes, expoſée au vent
du Midy ou du Nort, proche ou eſloi-
gnée des Riuieres ou des Fontaines,

souz les Poles, souz la Ligne, ou souz les Zones temperées, porte differemment le froment, les vignes, les prez, engendre vn metal ou l'autre, des animaux de diuerse espece, des arbres, des fleurs, des mineraux, & cela si constamment qu'il ne se peut pas dauantage; Damis ne trouue-il pas que le sage a raison de sacrifier plustost à la Prouidence qu'à la fortune, laquelle est trop volage & trop changeante pour luy donner l'Empire sur tant d'effets certains & reglez? Que si quelquefois ces effets semblent s'esloigner d'eux-mesmes & de leurs principes, ne pensez pas pourtant recourir à vostre hasard. Car les raisons de cét esloignement sont si certaines, & le Phisicien obseruant l'excez & le deffaut de la matiere, les accouplements des especes differentes, & le desordre des causes prochaines les rend si bien des monstres, par exemple, l'Astrologues predit si bien les eclipses, l'inegalité des temps, par les diuers aspects

des

des Planettes , & de leur conjonction
aux Eſtoilles fixes, que la vraye Philoſophie n'en eſt point du tout ſurpri-
ſe.

Que ſi vous trouuez que ces eſgare-
ments ſoient des pechez de la nature, &
que partant elle agit temerairement, &
non pas pour quelque fin : Vous diriez
de meſme que l'Architecte & le Peintre
n'ont point de fin en leurs ouurages;
pour ce qu'il ſe trouue en leurs tableaux
& en leurs Palais quelques manquemens contre les regles de l'art. La nature ne peche ainſi que lors qu'elle eſt
empeſchée , & cét obſtacle ne vient ordinairement pas tant d'elle que du dehors. Quand il viendroit d'elle , cela
prouueroit ſeulement qu'elle n'eſt pas
toute puiſſante & toute parfaite : de
quoy on auroit tort de s'eſtonner, puis
que c'eſt de la nature inferieure que
nous parlons. La haute, la ſublime, la
celeſte n'eſt point capable d'erreur. Et
meſme ces deffaux & ces deſordres, tant
s'en faut qu'à bien raiſonner ils ſoient

H

contingents, qu'au contraire ils font des fuites neceffaires de la matiere des corps fublunaires, laquelle n'eft à proprement parler qu'vne ombre de l'eftre. D. Que dites-vous Theoclée? T. Voicy comme ie m'explique. Il n'y a point d'effet qui n'ayt fa caufe, & partant les caufes par accident, comme on les nomme, produifent leurs effets par accident, auffi certainement, quoy que non fi regulierement, que les caufes naturelles produifent leurs effets naturels: l'intemperie des humeurs, la fiévre: la fiévre, les douleurs de tefte: & les douleurs de tefte, l'inquietude & le chagrin. Cette fuitte n'eft pas moins neceffaire que cette autre: le bon temperamment fait la fanté: la fanté, le plaifir & la joye : la joye & le plaifir, le repos. Quand les défreglements qui contribuent à faire vn monftre fe rencontrent mal-heureufement, il faut que le monftre fe faffe, & fe faffe auffi neceffaire-ment, que fe font les animaux parfaits, lors que la nature n'eft point troublee, & qu'elle a toute fa force & fa vigueur.

Partant ce qu'on appelle hafard & fortune alors, n'eſt hafard & fortune qu'à
l'eſgard de la cauſe particuliere, dont le
but eſtoit d'engendrer ſon ſemblable &
non pas vn monſtre. Par ſuite & par dependance de cette verité, il eſt euident
que le nombre neceſſaire des cauſes qui
peuuent produire les choſes que nous
appellons caſuelles & prodigieuſes, ſe
trouuant en leur production, de meſmes qu'en la production des plus naturelles; à les conſiderer toutes en ſoy il n'y
a point d'accident. D. Peut-eſtre auſſi
qu'il n'y a point de deffaut, car il en
faut venir iuſques-là. G. La nature à
parler generalement a touſiours deſſein
de bien faire ſi elle n'eſt empeſchée d'ailleurs. C'eſt de la nature inferieure que
nous parlons où les empeſchemens ſe
rencontrent pour ce qu'elle n'eſt pas
toute puiſſante. Que ſi elle eſt empeſchée, ſa ſeconde intention eſt de ne faire pas mal, ou de faire le mieux qu'il ſe
peut, ſelon l'eſtat où elle ſe trouue.
Quand le temperamment d'vn animal

eſt gaſté, l'effet ſe reſſent de l'alteration
de ſa cauſe. Car comment eſt-ce que
ce qui peche par excez ou par deffaut
de chaleur, qui a trop de ſechereſſe,
ou qui abonde en humidité ſuperfluë,
produiroit contre ſa nature vn ouurage auſſi parfait que l'animal du monde
le mieux temperé? les cauſes des generations deffectueuſes ſont internes &
cachees, de là vient que le vulgaire s'en
eſtonne; mais ſi on auoit les yeux aſſez perçants pour voir au dedans des
ſubſtances, on ne s'en eſtonneroit pas.
Si on connoiſſoit le genre de vie precedent des hommes qui font des monſtres, & non pas des hommes; leurs
maladies paſſees, & comment la matiere en eux a ſurabondé ou deffailly: par
quelle intemperie la vertu formatrice
languit ou eſt diuertie; & comment
l'imagination des meres a eſté brouïllée & corrompuë: on cônoiſtroit qu'vn
enfant auec plus ou moins de membres
qu'il n'eſt requis pour ſon eſpece, auec
vne forme pluſtoſt prodigieuſe que na-

turelle , eſt toutefois auſſi neceſſairement venu ainſi dans le monde que la
creature la plus acheuee & la plus parfaite , & que partant le haſard n'y domine point. D. Seroit-ce bien là ſageſſe en vne choſe ſi diſgraciee ? G. Oüy,
Damis , vne ſageſſe qui fait touſiours
le mieux qu'il ſe peut ſelon la diſpoſition prochaine des cauſes ſecondes. Car
il eſt de ſon œconomie generalle d'agir
auec les choſes conuenablement à l'eſtat où elles ſont : contingément auec les
contingentes, librement auec celles qui
ſont libres, auec les neceſſaires, neceſſairement. Et comment cét ordre ſeroit-il
gardé ſi Dieu vouloit empeſcher ou l'ac-
couplement des eſpeces differentes ,
quand la furie & la rage d'amour les
tranſporte , & qu'elles ſont fournies de
tout ce qui eſt neceſſaire pour cette a-
ction ? Ou, s'il vouloit à tous momens
faire des miracles pour venir au ſecours
de l'intemperance de ceux qui pleins de
viande & de vin, remplis de vapeurs &
de fumees, ou fletris de maladies hon-

teufes fe precipitent à la volupté? l'influence qu'il leur donne eft auffi bonne de fa part, que celle qu'il donne aux
animaux de mefme efpece, & aux perfonnes les plus temperées, le vice & le
defordre eft des caufes inferieures qui ne
fe peuuent feruir comme il faut de fa
vertu. Ce qu'il y a d'admirable en cecy, & ce qui eft vne marque indubitable
de la Prouidence: C'eft que ce qui naift
de deux differentes efpeces, comme des
Lionnes & des Tigres, des Afneffes, &
& des Cheuaux, n'eft point capable
d'engendrer; de peur que la race des
monftres ne couurit enfin toute la terre. Ils ont toutes les parties de la generation, fans qu'ils puiffent rien produire, & la nature arrefte-là par vn fecret merueilleux, toute la fuitte infortunée des productions non naturelles.
Enfin on ne les peut dire hafardeufes,
puifque l'empefchement vient pluftoft
du dedans que du dehors. Et fi l'on
confidere que l'eftre eft meilleur que le
non eftre, & le viuant que le mort, on

ne doutera pas que c'eſt mieux fait à
la nature de produire vn animal auec
ſix pieds ou auec deux teſtes, que de
ne rien produire du tout.   Que ſi nous
voulions paſſer en Grece & en Italie, &
en conſulter les hiſtoires ! O Dieu que
par ces prodiges & ces monſtres, comme par autant d'Oracles viſibles, nous
apprendrions à reuerer la Prouidence,
qui a tant de fois annoncé aux peuples
la guerre, la famine, la peſte, & tant
d'autres fleaux de la iuſtice du Ciel irritée !   D. Que ce Gelaſte eſt ſçauant, &
que la Prouidence & luy ſont bien enſemble ! T. Que diriez-vous s'il adiou-
ſtoit que la nature eſt ingenieuſe de
ſouffrir des monſtres & des prodiges dans
l'vniuers pour donner plus d'eſclat aux
productions acheuees. Certainement ſi
l'ombre de la nuit paſſee releue la ſplendeur du iour preſent, ſi on ne remarque iamais ſi bien la neceſſité que le
monde a du Soleil, & la beauté de ſa lumiere, qu'apres vne effroyable & longue eclipſe ; ſi nous reconnoiſſons da-

uantage le neceſſaire & l'agreable vſage de nos yeux, apres vne ophtalmie
ou vn catharre; il importe à la ſupréme
ſageſſe qui conduit le monde, d'abandonner quelques fois les choſes à elles
meſmes, & à la corruption de leur matiere, non ſeulement pour faire voir le
beſoin qu'elles ont de ſon aſſiſtance, &
comment elles retourneroient ſans elle dans leur premiere confuſion : mais
encore pour faire voir quelle eſt la perfection de ſes ouurages, quand il luy
plaiſt de les conſeruer dans cette beauté floriſſante qu'ils ont autrefois receuë
de ſes mains. En voulez-vous dauantage? vous diray-je ce qui n'eſt pas moins
ſolide que ſubtil ? s'il y a du haſard il
y a vne Prouidence. D. Voila vn nouueau paradoxe dont les Stoïciens, ce
me ſemble, ne ſe ſont pas auiſez. T. Il
eſt vray que cette propoſition paroiſt
d'abord contraire à l'opinion commune:
mais tout ce qui eſt contre l'opinion, ô
Damis, n'eſt pas touſiours contre la
raiſon. G. Eſcoutez donc. T. Le haſard

fard eſt cauſe de ce qui arriue aux
choſes leſquelles agiſſent ou par nature, c'eſt à dire par des principes internes & neceſſaires, ou par eſlection, c'eſt
à dire par volonté : & toutes deux pour
quelque fin. Des agents libres & volontaires, perſonne ne doute qu'ils ne ſe
propoſent vn but de leurs actions :
Nous monſtrerons tantoſt que les cauſes naturelles, ie dy naturelles purement, gardent le meſme ordre qu'eux.
Or qu'eſt-ce à voſtre aduis la Prouidence, ſi ce n'eſt la vertu de conduire
chaque choſe à ſa fin par les moyens les
plus conuenables & les plus propres ?
Mais il y à des monſtres, dites-vous, s'il
y en a, il faut qu'il y ait des generations
parfaites, ou la Nature va, & dont elle
eſt deſtournée par quelque obſtacle qui
s'y oppoſe. S'il y à du mal, il faut que
le bien ſoit, pour ce que celuy-cy n'eſtant que priuation ne ſe peut conçe-
uoir ſans celuy-là. Ainſi le haſard ſuppoſe la Nature, libre & volontaire de
la part des hommes : certaine & ne-

ceſſaire du coſté des agents inferieurs.
G. On pourroit prouuer cette propoſition par vne induction generalle,
mais entre Philoſophes cela ſuffit, &
ceux qui ne le ſont pas n'ont rien à
demeſler auec Theoclée:car comme i'ay
quelquefois ouy dire, il y à certains airs
qu'il ne faut iamais chanter que deuant
les Muſes. T. Pouſſons plus auant.
L'infinité des atomes qui tient lieu de
matiere chez Epicure , & dont il croit
que les Elemens & les Cieux ſont compoſez, n'a pû, quoy que l'on puiſſe dire,
ſuffire d'abord à tant de productions
acheuées, & à autant de chef d'œuures
qu'il y a eu dés le commencement de
fleurs au Monde , de beſtes & d'oyſeaux : ſi elle n'eſt aſſiſtée d'vn art,pour
le moins auſſi grand que la Sculpture;
à laquelle ce n'eſt pas aſſez de trouuer
le marbre , ſi elle ne le taille & ne le
forme à coups de cizeau. Encore à force de temps & de ſueur n'exprime-elle,
pour ainſi dire , que la ſuperficie des
corps ſans approfondir au dedans ; ny

toucher aux parties cachées qu'elle laiſſe toutes entieres au ſoin de la Nature,
& de la Sageſſe qui la conduit. Vne leçon d'Anatomie vous en raçonteroit
des merueilles. Mais il ſuffit pour noſtre ſujet de remarquer que la matiere
indeterminée & aueugle de ſoy : & comme vous diſiez tantoſt purement paſſiue, eſt inſuffiſante pour les generations
du Monde, ſi vne cauſe efficiente conduite de plus haut, ne l'altere, ne l'a pre-
pare, ne l'a diſpoſe par de certaines qualitez, qui ſont comme les inſtruments
de la beſonҙne. Ce qui arriuant touſiours ou le plus ſouuent d'vne meſme ſorte, tout au contraire de ce qui
arriue par haſard, duquel il n'y a point
d'art ny de ſcience, il n'eſt pas mal aiſé de conclurre que tout ſe fait au
Monde à deſſein, & que rien n'eſchap-
pe à la Prouidence. La Nature par tout
& en tout temps, ne trauaille-elle pas
comme feroit vn Artiſan ? G. Vous
nous tenez bien-toſt parolle. T. Comment ? D. C'eſt que Gelaſſe veut dire

que vous auiez promis de nous faire
voir que les cauſes purement naturelles ſe propoſent vne fin , auſſi bien que
les raiſonnables. T. On ne peut pas en
douter raiſonnablement. Les choſes
qui doiuent preceder dans les productions de la Nature, ne precedent-elles
pas celles qui doiuent accompagner
ſes operations , n'accompagnent-elles
point , & ce qui doit ſuiure pour l'entier accompliſſement de l'œuure , ſuit-
il pas auec tant de juſteſſe, que l'homme le plus intelligent ne ſe peut rien
figurer de plus exact ? Comme vn
Peintre broye ſes couleurs ; la Nature
ne prepare-elle pas le ſujet où elle veut
trauailler par des diſpoſitions préue-
nantes ? comme il trace ſur la toille
les lineaments & les traits ; n'intro-
duit-elle pas la forme dans la matiere?
Comme il meſnage les jours & les ombres, afin de faire voir la peinture en ſa
beauté , ne donne-elle pas au corps a-
nimé toute la perfection qui luy eſt
deuë ? Enfin chaque cauſe n'opere-elle

pas, selon qu'elle est faite pour operer, si quelque empeschement ne sur-
uient d'ailleurs, dont-on veoit la raison tout-à l'heure ? Chaque espece ne
se meut-elle pas pour produire son semblable, & l'ayant produit se repose-elle
point comme estant arriuée à son but?
Iusques à ce point d'vne entiere production, & d'vne parfaite consistence,
la nature trauaille : & partant elle a le
terme prescrit où elle se doit arrester.
Ainsi vn voyageur s'arreste quand il
est arriué où il vouloit aller, iusques-là
il marche tousiours : Le Medecin ordonne & voit son malade tant qu'il
soit guery: l'Architecte conduit sa be-
sogne tant qu'elle soit faite : La Nature
agit & se repose comme eux ; Apres
cela pouuons-nous croire qu'elle opere temerairement ? Disons quelque
chose de plus. Apres ce que ie viens
de remarquer, on ne doute pas que
l'homme ne soit vn animal raisonnable
& intelligent : comment en pourroit-
on douter puis qu'on le définit ainsi. Il

penſe à ce qu'il entreprend , il agit a-
uec deſſein, il le ſuit conſtamment, &
l'execute auec prudence & auec courage. Le plus aduiſé entre les hommes , eſt celuy qui donne le moins au
haſard, & qui comme vn Dieu mortel,
préuoit de loin tous les accidens , &
ſçait deuaut qu'ils arriuent comment
il en doit vſer. Et toutefois dans les a-
ctions humaines il y en a beaucoup d'i-
nutiles & d'indifferentes, comme de ſe
jouër à ſes glands, ainſi que fait maintenant Gelaſte. Pas vn ne doute pourtant
que l'homme n'ait de la conduite & de
la prudence. O mes amis, que la Nature eſt ſage en comparaiſon des plus prudents ! Elle ne laiſſe rien eſchaper à ſa
conduite. Elle eſt touſiours tres-intel-
ligente & tres-reglée, & fait touſiours
à point nommé, loin des ſuperfluitez &
des deffaux , tout ce qu'elle peut faire
de mieux , ou pour le neceſſaire , ou
pour l'agreable. Nulle de ſes actions
n'eſt indifferente. Elle va inceſſamment
à ſes fins , autant que les choſes y ſont

difposées , & fes fins font toufiours les
meilleures qu'elles peuuenteftre. G. Le
plus fage Prince du Monde renuoyoit
autrefois le parefleux à la fourmis afin
de s'inftruire : faudra-il y renuoyer vn
Philofophe ? Cette ingenieufe artifan-
ne dés fa naiffance , & par confequent
fans l'auoir encore appris , ny pû profiter de l'experience de fes femblables ,
fans deliberation , fans raifonnement,
fait fes prouifions, defmelle fes fentiers
& ronge l'efpy de peur qu'il ne germe,
comme feroit la plus vieille & la plus
experimentée : Ne faut-il pas dire que
ces petites beftes font plus parfaites
que les creatures raifonnables, Si elles
ont,pour l'aduenir,cette efpece de pro-
phetie en elles-mefmes ? ou fi cela eft
éuidemment faux , n'eft-on pas obligé
de fuppofer cette conduite en vne Nature fuperieure ? T. En vne Sageffe ef-
panduë par tout l'Vniuers, puifque par
tout l'Vniuers chaque animal produit
fon femblable , chaque plante, chaque
mineral , va à fa fin par les voyes qui

font les meilleures & les plus faciles,
fans qu'il y ait rien de fuperflu. Et partant tu és digne de memoire éternelle,
ô quiconque tu fois, qui premier en-
feignas, que chaque caufe particuliere
participe de l'intelligence & de l'efprit
d'vne caufe vniuerfelle par qui elle eft
gouuernée, & dont felon fon degré de
perfection elle reçoit l'influence pour
fon propre auantage, & pour le bien
general de l'Vniuers. Ainfi le fils qui ne
fait que venir au Monde, eft fage de la
fageffe de fon pere, ainfi la partie inferieure de l'homme, partagée qu'elle eft
de colere & de defir, eft prudente &
moderée de la prudence & moderation
de la partie fuperieure qui l'a conduit.
Enfin on fçait que l'intelligence, cette
habitude de l'Ame, qui eft plus efleuée,
& plus vniuerfelle que la raifon & la
fcience, veoit tout d'vn trait d'œil, non
fucceffiuement & par parties, & fans
qu'elle confulte ou delibere agift toufiours parfaitement. D. Vous n'aymez
donc point à deliberer, croiroit-on que

le

le sage Theoclée fit tout par impetuosité de Nature! T. Sans parler de moy
Damis, qui ne peus estre allegué entre
les grands & les beaux exemples, Vous
remarquerez que la deliberation est
tousiours meslée d'ignorance & d'incertitude. Le Ioüeur de Luth ny le
Peintre ne consultent point quand ils
ont atteint le souuerain degré de leur
Art : & la Sagesse qui assiste aux natures particulieres & leur a donné l'inclination auec la puissance d'agir, est trop
sublime & trop éminente pour la raua-
ler à la foiblesse des apprentys, qui consultent encore comme ils doiuent faire. G. Ne nous opposez donc plus, ô
Damis, pour prouuer que tout se fait
par hazard en la Nature, qu'on veoit
bien qu'elle fait tout sans deliberer.
Quand ces Hirondelles qui volent icy
autour de nous estudieroient la Carte,
& les vents, elles ne feroient pas plus
à propos leur passage. Quand ces beaux
Cygnes que nous descouurons de ce
bout d'allée, lesquels coulent plustost

qu'ils ne nagent dans cette belle riuiere, & se promenent comme les maistres
de ces viues & claires eaux , où il semble qu'on les vienne de mettre exprez
pour nous diuertir, auroient osté à leur
corps toute sa pesanteur naturelle , &
appris à nager dés qu'ils sont entrez au
Monde, ils n'y seroient pas plus legere-
ment , ny plus delicieusement portez.
Et quand cette Canicule qui vous vient
flatter , car vous nommez , s'il m'en
souuien, de la sorte , la petite chienne
de l'excellente Artemise, auroit pris l'a-
uis de Pline & de Dioscoride, elle n'auroit pas choisi plus promptement dans
ces jardins de l'Arsenal , l'herbe qu'elle
vient de manger pour se guerir. Comment l'a - t'elle pû cognoistre dans ce
lieu où elle n'auoit iamais esté ? ou si
elle a esté attirée par son odeur, qu'il a
fallu discerner parmy tant d'autres ;
Comment a - t'elle pû sçauoir que ce
deuoit estre son remede ? Et quelle préuoyance de Nature d'auoir donné aux
plantes medecinalles vne senteur agrea-

ble à l'animal qui a besoin de leur vertu ! Cela certes tesmoigne bien, que c'est vne haute Sagesse qui gouuerne cét Vniuers. Elle conduit soit par vne influence exterieure de sa bonté, soit par vne vertu interieure & cachée, les animaux qui ne font que naistre, & qui par consequent n'ont aucune experience ; & leur inspire de craindre & de chercher, sans auoir auparauant rien remarqué qui fut digne de leur amour ou de leur hayne, les choses qui leur font ou contraires ou fauorables. Car combien de fois, Damis, dans ces grandes playnes que nous descouurons d'icy, auons-nous veu les Aloüettes s'enuoler à la seule veuë de l'hobereau, quoy qu'elles n'apprehendent pas de plus grands oyseaux? Combien de fois auons nous veu les Perdrix à la remise ne fuïr point pour la presence, non pas mesme pour les mugissemens des Taureaux, & partir toutefois dés qu'elles apperçoiuent le Lanier, qui est si petit de corsage? Diroit-on pas que dés leur

naiſſance elles ont eſcrit en elles-meſmes, le nom & le pennage de leur ennemy, ſon aſpreté, & ſa chaſſe? Ou, ſi
en ce rencontre nous voulons Pytha-
goriſer , que leur Ame eſt venuë au
Monde toute ſçauante, & que toute la
ſcience qu'elles ont d'eſuiter l'Oyſeau
de proye , n'eſt rien qu'vn reſſouue-
nir.

　　　T. On pourroit alleguer mille autres exemples. Mais s'il eſt vray , ce
que l'on dit, des oyſeaux nommez Se-
leucides qui ſe trouuent à point nommé au ſecours de ceux qui habitent le
Mont Caſſius, contre les ſauterelles qui
gaſtent leurs grains, ſans qu'on ait encore pû ſçauoir d'où ils viennent, & où
ils ſe retirent ; Ie ne m'eſtonne pas , ſi
en cela , de meſme qu'en l'aſſiſtance
preſtée ſi à propos par certaines Cor-
neilles noires contre les Serpents , qui
ſont tranſportez des bruſlants deſerts
de Libie par le vent de Midy en Egypte , L'Antiquité apres auoir obſerué
le temps & les lieux où ſe fait reiglé-

ment cette chasse miraculeuse qui sauue les hommes de la famine, & de la peste, a rapporté à la Prouidence du Ciel, la visible protection, que par ces especes d'oyseaux, comme par ses Ministres sacrez, il prend tous les ans de la Terre. G. Nostre Citoyen du Monde, ce voyageur perpetuel dont vous m'auez tant de fois oüy parler, me contoit dernierement, que le premier signal du Cap de bonne esperance quand on vient des Indes, c'est que sur l'Ocean on apperçoit à trente ou quarente lieuës loin de terre, vn grand nombre d'oyseaux blancs comme Cygnes, sinon qu'ils ont le bout de la queuë & des aisles noir, qui ne manquent iamais de venir saluër les Nauires. Si-tost qu'ils paroissent, on commence à prendre la sonde, & sonder iusques à tant que l'on soit à veuë de ce Lyon de la Mer, ainsi appelle-t'on ce Promontoire, pour ce que les vagues y sont hautes & furieuses. T. Ces oyseaux sont comme

des sentinelles que Dieu a voulu poser
pour auertir les nauigeants.

<table>
<tr><td>Section
V I.
Cōment
se doit
entendre
que tout
se fait
par Na-
ture au
Monde.</td><td>D. Tout ce que vous dites est vn
ouurage de la Nature, & tant
que vous la loüerez, nous n'aurons
rien à démesler. Rien ne l'a regarde,
qui ne soit receu de nos Philosophes a-
uec joye. C'est leur vnique Maistresse,
c'est leur Souueraine, c'est leur Deesse :
Ils en diront encore plus que vous.
Vous sçauez les loüanges qu'ils en font.
C'est toy, luy disent-ils, qui donnes l'e-
stre à toutes les especes d'animaux & les
perpetuës. Tu és la Royne & la Deesse
de l'Vniuers. Escoutez son Panegy-
riste.</td></tr>
</table>

Lucr. l. 1.

Les feux du Firmament ont de toy pris naissance,
Et la Terre, & la Mer respectent ta puissance.
Ta beauté peut rauir les Dieux & les humains,
Et l'amoureux Printemps est l'œuure de tes mains,
Printemps chery du Ciel, Printemps qui renouuelle

La jeuneſſe du Monde , où ta grace l'appelle.
Sur l'aiſle des Zephirs en triomphe porté,
Il ne deſcouure point ſa naiſſante beauté,
Que les peuples de l'Air, des Eaux, & de la Terre,
Ne ſe liurent par tout vne amoureuſe guerre,
Sans que ny des torrents les flots precipitez,
Ny le rapide cours des Fleuues agitez,
Ny l'effroy des Rochers qui perçent dans les nuës,
Et des ſombres Foreſts les routes incognuës,
Alentiſſent l'ardeur de ces traits enflamez,
Dont l'attrait de l'Amour a leurs cœurs entamez.
Amy de la Nature il luy preſte ſes charmes,
Il vient à ſon ſecours auec toutes ſes armes :
Et pour entretenir l'encens ſur ſes Autels,
Fait réuiure immortel la race des mortels.

Et plus bas,

Les Fleuues & les Monts, les Foreſts reculées,
L'émail des prez fleuris, & l'ombre des vallées :
Enfin tout ce qui vit & reſpire le jour,
Reſpecte égallement la Nature & l'Amour,
Sans qui rien n'eſt heureux, sãs qui riẽ n'eſt aimable.

T. Ie fçay ce que vous voulez dire, les mondes innombrables & leurs
admirables productions font à voftre
auis de purs effets de la nature : il ne
faut rien chercher au de-là. Mais fi cette Nature eft aueugle,& fi comme l'A-
mour elle a le bandeau fur les yeux, il
ne faut pour ruiner vos principes alleguer que l'experience laquelle nous con-
uainc affés, que plus les chofes font
grandes & nombreufes, pluftoft elles
tombent par leur propre poids, fi elles font deftituées de confeil. Plus la
force & la puiffance font actiues, & plus
elles font fujettes à fe deftruire d'elles-
mefmes, fi la raifon ne les gouuerne.
Ce qui a lieu dans le gouuernement &
l'eftat de chaque peuple ; de mefme
qu'en la conduite du Monde entier.

Ainfi dans la fplendeur de fa gloire fuprefme,
Rome n'euft autrefois à craindre qu'elle-mefme.
Ses pieds fouloient l'orgueil des Roys affujetis,
Et fes bras enfermoient l'vne, & l'autre Thetis.

Elle

Elle toucheoit le Ciel de sa superbe teste,
Et ne redoutoit plus ny foudre ny tempeste;
D'vn bout du Monde à l'autre on respectoit ses loix:
Elle tombe pourtant par son énorme poids ;
Il faut que ce Colosse en sa cheute perisse,
Et sa propre grandeur l'entraisne au precipice.

A dit quelqu'vn de nostre cognoissance à l'imitation de Lucain. Que seroit-ce donc du Soleil, qui est tant de fois plus grand que toute la Terre, s'il s'emportoit d'vne aueugle rapidité ? Tout ce que les fables ont dit de Phaëton, lequel encore auoit esté instruit de son pere, ne se renouuelleroit-il pas chaque iour à la desolation de l'Vniuers ? Ce Planette qui fait tant de millions de lieuës en vne heure quels desordres ne causeroit-il point s'il s'arrestoit plus ou moins en chaque Signe ; ou s'il s'eslançoit par sa naturelle impetuosité sans regle & sans mesure, tantost en haut, & tantost en bas Vous aués beau dire que c'est sa nature de se mouuoir ainsi reguliere-

L

ment , comme la nature du Rofier eft
de produire des Rofes. Car ce n’eſt rien
dire ſi on ne dit comment cela ſe peut
faire; Veu que cette Nature, dont on
parle tant eft ſans aucune cognoiſſan-
ce. Le Soleil eſt vn corps ſans Ame,
autrement, a dit quelque ancien , ce
Planette ſeroit plus miſerable qu’Ixion
en ſes tournoyemens éternels & neceſſaires & le vertige l’auroit deſia pris.
Que s’il n’a point d’Ame, qui raiſonne
& qui reigle par raiſon ſes mouuements , il faudroit nous apprendre ce
qui ſupplée à ſon deffaut, & generallement à chaque nature particuliere pour
l’a faire iouyr de ſa fin par les moyens
les plus conuenables & les plus prompts,
ainſi que nous auons deſia remarqué,
& l’a faire agir reiglément pour ſon bien
propre & le bien general du Monde.
G. La Philoſophie la moins philoſo-
phante de toutes , il faut que ce mot
paſſe , Damis , c’eſt celle du bon Epicure.
   T. On demande les cauſes de la bel-

le proportion que gardent les parties
d'vn corps animé entr'elles, pourquoy
les yeux font pluftoft à la tefte qu'aux
pieds, d'où vient que des organes, les
vns font temperez autrement que les
autres, qui a fait, dit-on, que les contraires qui fe fuyent & qui fe deftrui-
fent naturellement, s'vniffent toutefois
en la compofition des mixtes? Les Epicuriens refpondent que c'eft la Nature:
Ie n'en fçay pas dauantage que ie fça-
uois.   On interroge ces gens-là des influences, & de la courfe des planettes:
Sçauoir fi l'ancien Saturne ne feroit
pas auffi bien placé à fon efgard dans
la plus baffe Sphere, & au Ciel de la
Lune, qu'en celuy où il fait fon cours:
Si Iupiter de mefme ne pourroit pas
eftre auffi bien en la route que tient
le Soleil, que plus haut: Tous les Af-
tronomes prenant leurs raifons du bien
public & de la perfection du Monde,
prouuent que pour la beauté & l'accompliffement de ce grand ouurage, il
faut que chaque Aftre fe place, & fe

meuue comme nous voyons: que l'inéf-
galité reguliere des Celestes mouuemens est ce qui fait l'harmonie generallé
de la Nature, Comme de plusieurs voix
hautes, moyennes & basses, se font nos
concerts : que sans cela il y auroit de
la Dissonance & de faux accords par
tout ; que les courses inégalles des
Planettes soit qu'ils roulent tousiours
soubs l'escliptique, soit qu'ils s'en esloi-
gnent, font des moyens indubitables
& adjustez à cette fin. Autrement, dites-moy ie vous prie, pourquoy leur
plus grand esloignement dans le Zodiaque ne seroit-il iamais que de sept
degrez de Latitude parmy vne si grande, & presque infinie estenduë du Ciel?
Pourquoy la Lune & le Soleil ne s'es-
carteroient-ils point de la ligne où
leurs Eclipses se font? pourquoy Mercure & Venus suiuroient-ils ou prece-
deroient-ils tousiours ceRoy des lumieres celestes comme nos Peres l'ont
appellé ? pourquoy ne s'en esloigne-
roient-ils iamais de plus d'vn Signe ? Ne

font-ils pas formez d'atomes ronds &
polis, comme toutes les autres Planettes ? font-ils pas d'vne mefme nature
de feu, & ne doiuent-ils pas auoir vne
mefme legereté ? Refpondre par des
Epicycles & par des defferens, ou par
la diuerfe grandeur des Spheres : c'eft
apporter pour folution du probleme
ce qui fait la difficulté. Ceux qui n'admettent point ces fortes de Cercles,
comme il me femble qu'Epicure ne
les a iamais cogneus : Ceux qui
croyent qu'il n'y à qu'vn Ciel fluide
de la nature de l'air efpuré, ou les Aftres fe coulent ainfi que les poiffons
dans l'eau, ne reçoiuent point cette
refponce. Et de nous aller toufiours
chanter que c'eft la nature de la Lune
& du Soleil, de Venus & de Mercure:
que telle eft la nature des atomes & la
neceffité de la matiere ; Ce n'eft point
vne chanfon qui me plaife, ny qui ait
rien du charme des celeftes Syreines du
diuin Platon. Car eft-il croyable, de
quelque matiere que foit Venus, que

ſi elle ſe jettoit au delà du Zodiaque
vers vn des Poles , ainſi que l'ont creû
ceux qui rapportoient à cette cauſe,
tout ce qui s'engendroit au Septentrion, qu'elle ceſſa d'eſtre Venus? Eſt-il
vray-ſemblable que ſi l'Hercule celeſte , comme autrefois on a nommé le
Soleil, venoit à paſſer ou l'vn ou l'autre
de ſes Tropiques , & franchir ces bornes ſacrées qu'il ſemble auoir reſpe-
&ées juſques icy , comme la Mer reſpecte les ſiennes , qu'il deuſt auſſi-toſt
s'aneantir ? En conſcience peut-on s'i-
maginer que s'il faiſoit le tour de la
Terre en plus ou moins de temps qu'il
ne fait, ſelon que les Liures Saints nous
enſeignent qu'il s'eſt quelquefois arreſ-
té plus qu'il n'auoit de couſtume ſur
noſtre hemiſphere , il ceſſeroit d'eſtre
Soleil? Les plus ſages & les plus ſçauans
n'en ont pas iugé ainſi. Apres l'entiere
reuolution des Aſtres, & le parfait accompliſſement de leur grande année,
ils ont creu que les feux celeſtes feroient tout vn autre cours qu'ils ne

font pas; & que celuy qui les domine,
comme leur Monarque & leur Souuerain , se leueroit alors où il se couche
maintenant sans souffrir toutefois aucun dechet dans sa beauté ny dans
sa lumiere. Tant ils estoient esloignez de croire que ces mouuements
periodiques des Planettes, tels que nostre siecle & ceux de nos peres les ont
veus, fussent attachez à la fatalité d'aucune matiere. Tant il est asseuré qu'ils
ne les ont iugez necessaires, que supposé
le present ordre du Monde auquel ils
sont subordonnez. Mais quelle repugnance trouue-on qu'il y en ait vn autre, & qu'estant vne fois estably tout le
reste vienne à le suiure ? Ainsi qu'on
pousse & qu'on retire les mesmes machines, qu'on les leüe & qu'on les bais-
se selon que le theatre change de face,
& que d'autres representations se doiuent faire. Voudriez-vous dire qu'vne
horologe ne doit iamais estre montée
que d'vne façon, & que si on l'a retarde ou si on l'auance elle tombera tou-

te par pieces, & ne pourra plus subsister ? Ces Astronomes qui font éternellement marcher la Terre, & laissent le
Ciel en repos, quand ils ne prouue-
roient autre chose, prouuent assez, ce
me semble, qu'il n'y à point de necessité absoluë, ny au Ciel ny à la Terre,
de se mouuoir. G. Ces points doiuent
estre serieusement meditez & à loisir. Et
comme diroit Epicure mesme, ce que
remarque Theoclée, ne repugne point
aux apparences. Au contraire, c'est à ce
que i'ay oüy dire, pour les sauuer, que
l'Aristarque de Samos & Copernic ont
inuenté leur noüueau systeme D. Le
hazard & le rencontre des petits
corps peut faire tout cela selon que
leurs figures sont diuersement entre-
lassées : & ie ne doute point que comme il y peut auoir des mondes inombrables, il n'y en puisse auoir aussi où il
y aura trois Soleils & quatre Lunes, &
où l'ordre des mouuemens celeste? sera
changé. Mais pourquoy pensés-vous?
pource qu'il y aura plus ou moins de
vui-

vuide entre les parties. Pourceque les choſes ſe ſeront autrement vnies. Ainſi la meſme riuiere qui eſt douce & paiſible dans ſon lit, deuient rapide & impetueuſe par les obſtacles qu'elle rencontre ; & le meſme torrent qui ſe precipite par bons du haut des Rochers, coule tranquillement, apres que ſa premiere fureur eſt paſſe, dans les grandes playnes où il ſe meſle auec les fleuues. T. Ces tours & ces retours des planettes, leurs periodes ſi juſtes, & ſi reiglees, ces mouuemens ſi contraires, & neantmoins ſi adjuſtez à la fin que ſe propoſe la Nature vniuerſelle d'embellir le Monde & le conſeruer, comme ils oſtent d'vne-part tout credit à la temerité & à l'aueuglement de la fortune, prouuent pareillement de l'autre, que ces globes d'or & d'azur, ainſi que nos Poëtes les ont nommez, ne ſont point emportez par vne neceſſité indiſpenſable de la matiere ; puiſque ſans changer la leur, ils pourroient ou ſe mouuoir d'vne autre ſorte, ou ne ſe point mouuoir en tout. G. C'eſt ce que vous auez prouué , & par raiſon , & par exemple. T. Donc à bien raiſonner , ſi ces grandes & ces belles pieces de l'Vniuers ne ſont point emportées à l'auanture, ny entraiſnées par le poids de leur corps, il en faut rapporter la conduite à la ſageſſe libre & indépendante d'vn agent ſuperieur, qui ſelon l'eſtat preſent des choſes , leur preſcrit les loix qu'elles doiuent ſuiure, reſeruant à ſa volonté diuine de les entretenir ou de les changer. Autremét on nous deuroit faire entendre cóment chacune de ces Natures particulieres qui ſont inombrables & qui ne ſçauent toutes ce qu'elles font, ont pû ſe lyer enſéble pour faire des millions de mondes, haſardeuſement dites vous, mais en effet auec tant d'art que les globes & les carthes de geographie ont beſoin de Mathematiciens tres-entendus pour les imiter. G. Si on regarde la plus petite fleur de ces prairies, que l'on deſcouure de la grande allee, & qui font vn tapys ſi bien nué au bord

de cette eau ; on reconnoiftra tant de
proportion & de juftefle en fes feuilles,
en fes fibres, en fes filaments, en fes venules, en ces moindres lignes, qui font
comme vne efpece de chiromantie
qu'on ne peut rien conceuoir de plus
acheué & de plus exact. Ie croy donc
pour moy que du haut du Ciel jufques
au centre de la terre, la chaifne d'or de
la Prouidence attache tout, & qu'il n'y
a rien qui n'en participe l'influence felon fon ordre & fon degré. D. Voyez
vn peu comme ce Gelafte s'emporte!
G. Ce Damis m'inftruit-il beaucoup
quand il me dit que telle eft la nature
de chaque chofe, telle eft la neceffité de
la matiere ? pour ne refpondre que de
la forte, je trouue qu'il n'eft point trop
neceffaire d'eftudier. T. En effet fi fortuitement la difpofition du monde s'eft
faite pour ce que le plus pofant prit le
bas, le plus leger prit le haut, & ce qui
eftoit moyen entre l'vn & l'autre, il y a
ces deux extremitez, eftant ainfi conuenable à la neceffité de la matiere qui oy

qu'à bien raiſonner dans vn globe parfait comme eſt le monde il n'y ait ny
haut ny bas non plus que dans le vuide
infiny, d'où vient que les os qui tiennent ſi fort de la terre ne ſont pas tous
aux pieds: la bile qui a tant de reſſemblance auec e feu n'eſt toute à la teſte;
& le ſang & les arteres qui ſont d'vne
conſiſtance d'air n'occupent pas le milieu du corps humain? Ie ne ſçay qu'elle raiſon vous en pourriez rendre, car
icy d'exemple du petit monde deſtruit
la croyance de la fabrique du grand.
Et autant qu'il y a d'oyſeaux en l'air, de
poiſſons dans les eaux, & d'animaux
ſur la terre: il y a autant de teſmoings
irreprochables qui conuainquent de
faux cette pretenduë neceſſité de la
matiere. Tellement qu'il faut auoüer,
que dés la premiere production de l'V-
niuers, au beau commencement du
Monde, qui ne peut ſubſiſter parfaitement ſans toutes les eſpeces qui le compoſent: l'on a veu que la peſanteur, &
la legereté des corps eſtoit, & n'eſtoit

ij M

pas cause de l'ordre : Que la necessité
de la matiere estoit suiuie, & ne l'estoit
pas. Elle l'estoit aux Elements & aux
Cieux, supposé qu'ils soient de nature
ignée, car Aristote n'en demeureroit
pas d'accord auec Epicure:elle ne l'estoit
pas aux animaux. Donc ce n'est point
selon elle que toutes les substances ont
esté rangées. G. Epicure comme on
sçait & ses disciples ont esté mauuais
dialecticiens, & Mathematiciens encore pires.De ce qui arriue quelquefois ils
ont conclud ce qui arriue tousiours. Et
pour ce qu'en quelques subjets l'arrangement suit les degrez de legereté ou
de pesanteur,ils ont inferé qu'en tous, il
deuoit estre de mesme. Pour ce que par
hazard vne chose ou deux se peuuent
trouuer bien ordonnées , ils ont creu
que des Mondes inombrables se pouuoient faire hazardeusement. Ainsi prenant dans leur Morale, la felicité pour
ce qui l'accompagne,& ne pouuant discerner ce qu'ils rencontroient ensemble; Ils ont escrit que la volupté estoit

le fouuerain bien, pour ce que le fouuerain bien ne fe poffede point fans plaifir.
Ainfi encore ont-ils confondu les inftrumens auec la caufe principale : Et de
ce que la premiere caufe n'agit point
ordinairement fans les fecondes, ils ont
publié mal à propos, que les dernieres
faifoient tout. C'eft ce qui a donné lieu
à toutes les loüanges qu'ils ont publiéc
de la Nature. T. Cette Nature encore
vne fois eft intelligente ou ne l'eft pas.
Si elle ne l'eft pas, d'où vient que fon
ouurage eft fi bien entendu , & fi bien
conduit? fi elle l'eft, prenez garde, Damis , qu'au lieu d'vne intelligence vniuerfelle dont nous reconnoiffons l'im-
preffion en toutes chofes, vous n'en ad-
mettiez d'inombrables , & ne multipliez les caufes fans aucune neceffité. Ie
dy que fi vne feule intelligence ne pour-
uoit à tout , il en faut admettre plufieurs: pource que les moindres ouurages des Abeilles & des Fourmis, des fimples & des arbriffeaux font fi parfaits, fi
certains en tous lieux & en toutes fai-

sons; ont si peu besoin de consulter ce
qu'ils font pour le bien faire ; que si le
principe d'agir ainsi est en eux-mesmes,
la raison humaine n'est plus rien au
prix. Ce n'est pas que ie ne sçache assez que la matiere & la nature de l'or
est autre que celle du bois, Vn Architecte le sçait comme nous,il cognoist que
les pierres de taille sont propres à vn effet , la chaux & le ciment à vn autre :
Mais quand nous luy demanderons
comment ces materiaux furent assem-
blés pour faire vn Palais, il nous parlera
de son Art , & nous dira des raisons
d'Architecture. G. Feriez-vous cette
honte à Damis, de conclure que les Philosophes de sa secte raisonnent moins
que les Artisans. T. En tout rencontre
pour agir , le sçauoir , la volonté & la
puissance estant necessaires, ie n'apper-
çoy ny conseil,ny volonté dans les mixtes & les Elemens , dans les plantes &
les animaux ; I'y voy seulement quelques facultés. Et toutefois leurs productions sont plus regulieres & plus a-

cheuées que celles des hommes, qui ont
du sçauoir & de l'esprit ? Que pui-je
conclurre, sinon qu'elles sont condui-
tes par vne nature vniuerselle & vni-
uersellement sçauante, puis que comme le trait qui frape le but sans le connoistre, elles ne manquent iamais de
donner au leur? De quoy sans doute
nous ferons bien-tost conuaincus, si
nous ne regardons pas les choses en particulier, chacune en soy-mesme, mais
par la place qu'elles tiennent au Monde, & par le rapport que comme parties elles ont auec ce grand tout. Ce
rapport establit l'ordre qui est si vniforme & si constant en l'vniuers que depuis tant de siecles on ne l'a point veu
changer. Qu'en faut-il conclurre ? sinon que cette constante vniformité,
tant s'en faut qu'elle puisse estre hasar-
deuse, qu'au contraire elle doit estre
l'oüurage d'vne parfaite sagesse, laquelle estant hors des choses naturellement
aueugles & stupides est la souueraine
Maistresse qui les conduit. Sagesse, qui
mar-

marche toufiours égallement, qui n'eft
ny changeante ny legere, comme eft la
noftre qui n'a pas befoin du temps
pour efpurer fes cognoiffances, qui ne
s'inftruit point par l'experience du paffé ; mais qui comme dit vn de nos Oracles, poffede en foy dés le commencement tous les threfors de fçauoir, &
d'intelligence.   Voila quel a efté ton
ouurage ô fainte Philofophie qui t'és,
comme on l'a voulu dire, ingerée la
premiere au Confeil des Dieux : & de
là regardant les Aftres, les Mers & les
Regions, as veu qu'il n'eftoit pas poffible que l'ordre peut eftre fi parfait &
fi exact en des maffes lourdes & pefan-
tes, ny qu'elles ayent peu fe placer ainfi d'elles-mefmes.   G. C'eft pourquoy
celuyquienfeigna lepremierqu'vn efprit
intelligent auoit desbroüillé le cahos,&
que pour ranger tout en fa place, il deuoit eftre feparé de tout, fut generallement approuué des Grecs, ayant donné comme a dit quelqu'vn de leurs fages, vn ouurier à la matiere ; dequoy

ſes predeceſſeurs ne s'eſtoient pas ad-
uiſez.

Section
V I I.
Qu'il
eſt de la
Proui-
dence,
que la
Lune
éclipſe.

D. Seroit-il poſſible que cét immortel ouurier euſt laiſſé tant de
deffaux dans ſes ouurages, comme il
s'en remarque dans le Monde? Car encore, ainſi que diſoit tantoſt Gelaſte,
qu'il ne ſoit pas à propos de broüiller
les queſtions, & que ie ne pretende
pas auſſi vous jetter dans cette foule
de difficultez que Lucrece en quelque
part oppoſe à la Prouidence; ſi eſt-ce
que cette belle Lune qui paroiſt à l'O-
rient, & prend la place du Soleil qui ſe
couche, nous aduertiſſant qu'il eſt bien
toſt temps de finir auec le jour noſtre
conference, me force en quelque façon
de vous demander raiſon de ſon éclipſe.
Car il faut auoüer entre-amis, que ſi elle nous rauit maintenant par ſa beauté,
tant elle eſt pure & eſclattante; elle doit
bien bleſſer nos yeux par ce prodigieux
accident, qui conuertit toute ſa clarté

en des tenebres espouuentables. Certainement je ne sçay pas quelle est cette main sage & puissante qu'on dit l'auoir placée dans le Ciel, mais il me semble qu'en ce poinct elle s'est vn peu oubliée. G. Il est assés nouueau qu'vn Epicurien aille chercher du secours jusques dans le Ciel: Mais c'est à vous de faire voir, sage Theoclée, que le Ciel ne combat point de son costé.

T. Ce grand cercle qui enuironne tous les autres, dit quelque part vn ancien Oracle, à l'vsage & la science de la voix, non peut-estre pour ce qu'estant par tout égal, & conforme à soy-mesme, & faisant changer toutes choses sans se changer, il nous monstre qu'elle est l'eternité de son principe ; mais pource que par le branfle qu'il donne égallement à toutes les Spheres inférieures il cause les vicissitudes perpetuelles des iours & des nuits, dont les vns racontent aux autres la magnificence & la gloire de la Sagesse qui les conduit. Il n'y en à point de preuue plus viſible, plus multipliée, plus conſtante. Il n'y en peut auoir de plus eſclattante, ny de plus vniuerſelle. Que vous en ſemble Damis ? D. Qu'il y à grande apparence. T. Cependant par la meſme raiſon que le Soleil emporté de la rapidité du premier mobile, fait ſucceder la nuit au jour, par la meſme raiſon la Lune éclypſe. Et partant ſi on trouue eſtrange que la main ſage & puiſſante, qui marqua les routes lumineuſes des feux celeſtes ait reduit la Lune a paſſer par ce point fatal, & l'ait, pour ainſi dire liée à ce nœud du cercle ecliptique ou elle ſouffre vne ſi viſible deffaillance de ſa lumiere ; Il faut auſſi trouuer eſtrange , pourquoy la reuolution des temps eſt dailleurs ſi bien reiglée. Pourquoy les parties de la Terre ſont egallement viſitées à leur tour par les deux grands luminaires. Pourquoy elle eſt ſi bien placée au milieu du Monde. Cela eſt tout manifeſte. Car pour empeſcher l'éclipſe de la Lune, il faudroit empeſcher que l'ombre de la

Terre qui fait la nuit, s'efleue iufqu'au
premier Ciel. Il faudroit empefcher vn
corps luifant comme eft le Soleil, de
pouffer l'ombre deuant foy, & de l'a
terminer en pointe, quand elle va de
la baze de la Pyramide en haut. Mais
que feroit-ce faire à voftre aduis ? ce
feroit deftruire la Nature des corps
tranfparents, des corps lumineux, &
des corps efpaix. Deftruction qui feroit bien-toft fuiuie de celle de tout
l'Vniuers. Raifonnons encore d'vne
autre forte. Le Soleil à la lumiere de
foy. La Lune luit d'vne lumiere em-
pruntée. Vouloir que cela ne foit pas
ainfi, c'eft rompre la liaifon qui fait le
Monde, c'eft renuerfer fon œconomie,
c'eft le reduire à fa premiere confufion.
Que fi la Lune emprunte inceffamment fon feu du Soleil; il faut qu'inceffá-
ment elle le regarde. Pour ne le point
perdre de veuë, il faut qu'elle le fuiue
toufiours, autrement fi elle ne le fuiuoit
pas, comm' elle fait par toutes les mai-
fons celeftes, que deuiendroient les an-

 tées planaires, & comment se feroient
les mois, les semailles, les vendanges, la
coupe des arbres. Si la Lune suit le
Soleil, il faut que comme luy elle fasse
le tour de la Terre, & en la tournant,
il faut que l'ombre chassée par ce grand
Astre qui luit en l'hemisphere opposé,
oste à cette Royne du Ciel, comme
l'appelloient quelques Idolastres, la
communication des rayons solaires. Ou
bien il faut prouuer que pour le bien
general du Monde, la Terre deuroit
estre autrement placée qu'elle n'est pas.
Ou que le mouuement circulaire des
Planettes ne deuroit pas durer tousiours. O Dieu s'il cessoit vne fois que
nous verrions bien d'autres desordres!
Que nous entendrions bien d'autres
plaintes? Cette question se peut encore ainsi terminer en deux mots. La
Lune & tous les Astres sont, ou ne sont
pas incorruptibles. D. Cette opposition est
immediate. T. S'ils sont incorruptibles,
les eclipses ne les peuuent pas corrompre. Eux & leur Prince, sont tousiours les

V.

mesmes, touſiours purs, touſiours éclat-
tans, car ils ne ſont pas moins eſleuez
que le Mont Olympe, à qui la lumiere
a donné ſon nom. Le Soleil quand il
éclipſe ne ſouffre ny en ſa ſubſtance, ny
en ſa vertu. Seulement l’oppoſition de
la Lune empeſche le paſſage de ſes rayons iuſques à nous. Il ne faut donc point
venir au ſecours des eſtoilles, ny de
la Lune pour empeſcher leur lumiere
d’eſtre enchantée, ny rompre par des
ſons bruyants, les charmes des Magi-
ciens qui les veulent tirer du Ciel. Il
faut s’affranchir d’vne frayeur ſi ſuper-
ſtitieuſe & ſi vaine. Que ſi comme les
Stoyques & les Epicuriens l’ont creu,
tous les globes celeſtes ſont corruptibles, & ſi quelque iour cette grande
machine d’elements & de cieux ſe doit
diſſoudre, on n’a pas ſujet de ſe forma-
liſer s’ils s’alterent, veu qu’ils doiuent
eſtre enfin corrompus. Mais cependant
que reſpondront ces delicats, dont la
vie eſt vn deſordre parpetuel, & qui
veulent reformer toutes choſes, ſi com-

me il est iuste, on les accuse de ne se
souuenir que du mal. Ils ne regardent
point ce second Soleil, ainsi que les
Poëtes l'ont appellé, quant il sort es-
clattant, & pompeux de la Mer, & que
pour le contempler toute la Nature fait
silence. Ils ne le considerent point quand
aprés auoir remply son globe, il semble
que toutes les splendeurs du Ciel soient
fonduës en luy seulement, ou que s'il
en paroist au Ciel, ce n'est que pour
estre adioustées à son triomphe. Ils ne
l'admirent point quand enrichy de toutes les despoüilles du iour, il se monstre
à tous les peuples pour leur apprendre
que la Sagesse qui veille sur eux ne dort
jamais. Ils ne reconnoissent point cette
seconde Venus celeste, quand par ses
flames humides, elle porte iusqu'au
centre de la Terre les semences de toutes choses, excite la fecondité des
deux sexes, & par ses regards diuers,
selon qu'elle se presente diuersement au
Soleil, commence auec luy les generations & les acheue. Ils n'en remarquent
que

que les taches, & n'en veulent voir que
la desfaillance. Ie sçay bien qu'il ne la
faut pas adorer, comme firent les Phri-
giens soubs le nom de Cyblle; les Grecs
soubs celuy de Diane & de Proserpine:
mais il ne faut pas aussi auoir l'œil si enuieux & si jaloux que de ne la vouloir
re-garder qu'en son éclipse. Encore
n'est-ce, ô Damis, qu'vn deffaut passa-
ger duquel elle est si-tost & si bien purifiée, qu'on peut dire qu'il est mesme necessaire pour donner plus de lu-
stre & plus d'esclat à sa beauté. G. La
Lune vous est plus obligee qu'elle ne
fut iamais à Endymion. T. On pou-
roit s'esleuer plus haut, & dire que si
l'ombre de la terre obscurcit pour quelque temps ce beau Plánette, c'est par
les ombres qu'on a premierement me-
suré la grandeur des Astres; c'est par les
ombres qu'ô a remarqué leurs hauteurs.
C'est par les ombres qu'on a iugé de
leur lumiere. Elles causent des éclipses
dites-vous. Mais c'est par là que des Nations Idolâtres des beautez celestes ont

veu cesser leur aueuglement. C'est par
cette suspention de toutes leurs clartez
& de toutes leurs influences que les Sages ont conclu que le Soleil & la Lune
ne pouuoient estre des Dieux. D. Pourquoy ? T. Pour ce que d'vne agitation
perpetuelle ces grands hommes les voy-
oient emportez au seruice de la Nature : & que par la mesme necessité in-
dispensable qui les forçoit de rouler é-
ternellement autour de la terre, ils souf-
froient de l'alteration en leur puissance
& du deschet en leur beauté. Les Sçauans par cette reflexion ont reconnu
qu'il falloit chercher au de-là du Ciel
l'objet de leur adoration : & par les generations interrompuës de la Nature
inferieure patissante dans les éclipses,
ont appris le besoin que le Monde éle-
mentaire a du celeste, la chaisne qui les
lye ensemble, & comment l'vn seruant
à l'autre, par tout ce qu'il a de lumieres & de vertus, il estoit indubitable
que tous les deux ne pouuoient auoir
qu'vn mesme autheur. G. Quelle preu-

ue de la Diuinité! Et que ce peu de paroles enferment de beaux sentimens si
on les veut estudier!

TH. Que si nous voulons finir par *Conclu-* la ruine de vostre aueugle fortu-*sion.* ne comme nous auons commencé : puis que les éclipses arriuent tousiours par les mesmes causes ; puisque les supputations du temps qu'elles doiuent paroistre, soit à l'Orient, soit à l'Occident, soit de iour, soit de nuit, aux peuples de l'vn ou de l'autre hemysphere, sont si iustes & si certaines que les Astronomes ne s'y trompent point : Voit-on pas qu'il est absolument impossible de les attribuer au hasard ? Et partant il faut le bannir du Temple où la nature est reueree, veu principallement que ce Monstre n'est qu'vne chimere & vne illusion des ignorans. Les Sçauants sçauent qu'il y a des causes certaines & determinées de tout ce que nous estimons hasardeux. Nous en auons donné tant sur quelques exemples. Concluons donc ce discours à la gloire de la supréme Sagesse qui par des routes si aisées, si courtes & si belles, conduit les natures inferieures à leurs fins. Pour eluder vne verité si bien establie & si generallement confirmee par tout ce qui est, & qui respire; Il ne vous seruiroit pas beaucoup, ô Damis, de rappeller Appelle & sa Peinture des Enfers, ny de vouloir euocquer son ombre. Pour l'honneur de Lucrece & d'Epicure, il vaudroit mieux enchanter son sepulchre & fermer pour iamais son tombeau. G. Comme pour nostre plaisir il sera plus delicieux de faire maintenant quatre ou cinq tours sur le mail que de nous laisser conduire par vn homme qui hasarde tant parmy des chesnes qui ont esté produits à l'auanture. Pauure Damis, cette raison tiree de je ne sçay quelle experience, est côme celle des chaleurs au mois de Ianuier & des froidures au mois d'Aoust. Car ou l'on ne deuroit pas soustenir que l'ordre des elements

& des Cieux, eſt à preſent neceſſaire,
telle qu'en ayt eſté la premiere cauſe:
où l'on ne deuroit pas alleguer ce ren-
uerſement des ſaiſons pour prouuer que
le haſard dure encore. Ie ne ſçay ſi je
juge bien, mais il me ſemble que comme ces meres qui periſſent pour ſauuer ce qu'elles portent, la fortune s'eſt
desfaire en faiſant le Monde. D. Cela
n'eſt pas mal imaginé. Il y a du feu meſlé de fumée, mais il y a touſiours du
feu. Et neantmoins, Gelaſte, l'exemple
que j'ay apporté d'Apelle, a eſté con-
ſideré des plus grands eſprits, & ſur ces
experiences haſardeuſes nous pourrions
bien oüyr vne autrefois Theoclée. G.
A demain donc les affaires, à demain.

Fin du premier Dialogue.

AV LECTEVR.

L'Entrée du Discours suiuant est prise d'vne Lettre escrite à Monsieur de Marolles Abbé de Villeloin, personne de naissance, d'éminent sçauoir & de probité. C'est à ses soins obligeants qu'on doit l'Impression de cét Ouurage, que l'Autheur, non sans raison, ne se pouuoit encore resoudre de donner au Public : pour ce qu'il sçait bien qu'il y à ie ne sçay quoy de Diuin dans le grand nombre dont on ne peut trop redouter les iugemens.

[illegible]

I. [illegible]
L[illegible]

[illegible]
[illegible]
[illegible]
[illegible]
[illegible]
[illegible]
[illegible]
[illegible]
[illegible]
[illegible]

THEOCLÉE.

DIALOGVE II.

OV SVITTE DV PREMIER
diſcours contre le hazard d'Epicure.

AVEC QVELQVES OBSERVATIONS
ſur ſa façon de Philoſopher.

Le Lieu de la Conference,
Le Cabinet de Damis.

SECOND DIALOGVE.

VOVS demandez, ſage Ari-
ſtée, quel eſt le ſens miſtique
de ma Fable Epicurienne, car
c'eſt ainſi que ie nomme cette Philoſophie imaginaire de vuide &

Section
I.

d’atomes ; & defirez fçauoir la verité de
l’allegorie. Ce n’eft pas que vous ne
voyez-bien que i’ay peu me joüer d’v-
ne opinion, laquelle toute eftrange
qu’elle eft, a par cela mefme, quelque
charme, & quelque recommendation
de noueauté ; & peut paffer, à caufe
de fes fictions, pour vne Poëfie en Profe;
à laquelle pourueu qu’elle diuertiffe &
qu’elle inftruife à fa mode, on ne doit
plus rien demander. Mais vous voulez
fçauoir quelque chofe au délà, & croyez
à mon auantage, que i’ay eu quelque
autre penfée. Gardez de me faire plus
habile que ie ne fuis, & conceuoir de
moy ne opinion qu’apres ie ne puiffe
pas foûtenir. Ie ne fuis point fi mifte-
rieux que vous croyez. Ie penfe, & ie
parle fimplement ; & fi vous le voulez
fçauoir, tout ce qui m’eft venu en l’efprit, quand j’écriuois des parcelles infinies, des corps imperceptibles d’Epicure & de leurs liaifons hazardeufes; c’eft
que Dieu a creé l’homme droit & fimple, qui depuis s’eft ie nefçay comment

embaraſſé de queſtions vaines & inutiles. Il eſtoit heureux au commance-
ment, pource qu'il ne rafinoit point encore, & que ſe laiſſant doucement conduire à la loy Naturelle, auant que la nature fût corrompuë, ce rayon de la loy
Diuine, imprimé au fonds de ſon ame,
le menoit plus ſeurement au bien, & le
détournoit plus puiſſamment du mal,
que cette multiplicité de loix qui ſont
nées de noſtre corruption, & qu'en tant
de lieux l'auarice & l'ambition ont inuentées. Il renonça à ſa premiere felicité, quand il renonça à ſa premiere innocence. Il ſe laſſa d'eſtre heureux. Il ſe
meſla d'infinies choſes, qui ne ſeruoient
de rien à ſon repos. Il voulut ſçauoir plus
qu'il ne luy auoit eſté donné; il perdit ce
qu'il auoit receu. Il reuoqua en doute
cette premiere loy, qui n'eſt, ny dégui-
ſée d'artifice, ny tachee de corruption,
par laquelle il appelloit le bien, bien, &
le mal, mal. Par ſon intemperance de
ſçauoir eſſayant de changer la premiere nature des choſes, il ſe changea mi-

ſerablement ſoy-meſme. Alors à la place de la pure, naïue & franche raiſon qui
luy découuroit, comme d'elle-meſme,
& preſque ſans aucun effort, que là où
eſt l'ordre, comme il eſt entre les parties
du monde, là eſt la ſageſſe, comme ſa
cauſe, & qu'vne ſeule & ſupreme intelligence ſuffiſant à tout, outre que par là
les jalouſies ſont eſteintes, il eſt inutile,
& entierement ridicule d'en chercher
pluſieurs, ainſi qu'ont fait depuis les
Idolatres, ou de n'en reconnoiſtre pas
vne, ainſi que font les inſenſez. A la place, diſ-je, de cette raiſon naturelle, vniforme & conſtante, eſt venuë, ie ne ſçay
quelle eſtrangere qu'ils ont apellée Philoſophie, incertaine, inquiette, bizear-
re, opiniaſtre, pleine de diſputes & de
debats, capitale ennemie de la Sageſſe,
qu'elle fait profeſſion d'aimer. Cette extrauagante a premierement douté, &
deuenuë hardie auec le temps à dogma-
tiſé depuis, que ſans raiſon les choſes
pouuoient eſtre raiſonnablement diſ-
poſées. Et quoy qu'vne maiſon ne ſe

puiſſe maintenir ſans pere de famille, vne terre ſans Seigneur, & noſtre
corps ſans ame : Elle n'a pas laiſſé de s'i-
maginer que tant de pieces contraires
dont le monde eſt compoſé, pouuoient
s'eſtre adjuſtées & s'entretenir ſans
prouidence. Voyez vn peu l'image de
cette Capricieuſe dans les écrits de ces
corrupteurs du Monde & de la Nature,
de ces Sophiſtes, qui eſtant nez tant de
de ſiecles apres les premiers Sages, ſont
ſi mal à propos nommez Anciens. Eſt-
il rien de plus chimerique & de plus
creux que ce qu'ils nomment leur Philoſophie ? pour la deſtruire entierement,
quel beſoin a-t'on que d'oppoſer vne
Secte à l'autre, comme on feint de ces
ſoldats de Cadmus ? Et quelle preuue
plus éuidente que la ſageſſe humaine
n'eſt que folie deuant Dieu, c'eſt à dire
deuant la premiere & la vraye Sageſſe.
Voila pourquoy Damis ayant refuté
tous les autres, Gelaſte & Theoclée re-
futent Damis. Les veritables Sçauans
jugent bien dés-là quelle eſt ma penſée;

& vous auez trop de part en leur illu-
ftre Societé pour m'expliquer à vous
dauantage. Il refte feulement de rendre
raifon pourquoy ie n'ay pas pris à ta-
che de deftruire tout ce que i'ay fait
édifier par Damis. C'eft que ie n'entreprend pas tout le corps de la doctrine
Epicurienne, & que ce n'eft pas plus à
elle qu'à celle d'Ariftote, de Platon &
de Pythagore mefme qu'on peut reprocher des erreurs & des fauffetez : feulement i'ay deffein de prouuer que le Monde eft trop parfaitement conduit pour
eftre emporté à l'auanture. Quelqu'autrefois nous monftrerons qu'il eft trop
imparfait, en ce qu'il eft finy de nature
& de puiffance, pour auoir l'eftre de foy-
mefme ; & qu'il n'y a pour bien raifonner qu'vn feul Eftre independant & neceffaire, deux veritez qui ne fe contra-
rient point, mais qui s'eftabliffent l'vne
par l'autre. Vous auez déja oüy parler
Damis, Theoclée & Gelafte fur la premiere. De la feconde, quelques autres
vous en pourront entretenir à leur tour.

Quelques iours aprés la conference
que vous auez leuë de nos Philofophes
fur le hazard d'Epicure, il s'en fit vne
nouuelle dans le cabinet des Peintures
de l'agreable Damis. Et ie puis dire que
nous y auons fouuent oüy des concerts,
mais iamais vn fi beau que celuy de leurs
raifons. Gelafte qui comme vous fçauez à vn Mars bruflé, impatient de tré-
ue & de paix, ne demandoit qu'à mettre Theoclée & Damis aux mains ;
quand l'occafion de renouueller leur
guerre innocente fe prefenta comme
d'elle-mefme.

Parmy les plans de plufieurs batailles
& de plufieurs villes forcees, il y auoit
des tableaux excellens, où eftoient re-
prefentées les premieres victoires dont
le Ciel a reconnu l'innocence & la pieté
des plus Auguftes perfonnes du Monde. Le choc des armées ennemies y
donnoit de la crainte & de la terreur,
tout y eftoit remply de fang, de meurtre & de carnage ; Et ce n'eftoit qu'entre beaucoup de bleffez & de morts que

Section
II.
Comme
il fait
entèdre
le ha-
zard
d'Epicu-
re.

la Fortune & la Gloire fuiuies des images captiues des Iberiens vaincus & des
Belges épouuantez venoient trouuer
noftre Monarque. Il fembloit que la
Meufe arrefta fon cours pour en mieux
voir le triomphe & que toute la foreft
des Ardennes en fut ébranlée. Damis,
apres quelques autres difcours, s'adref-
fant à Theoclee ; cét Heros, dit-il,
monftrant vn jeune Prince, de taille &
de vifage femblable aux Dieux, comme
auroit dit quelqu'vn des Poëtes, me fait
fouuenir d'Alexandre, qui en vn âge
prefque pareil entreprenoit de fi grandes chofes.

Ie ne fçay pas, reprit Gelafte, car il eft
peut eftre temps de l'introduire fur le
Theatre, auffi-bien que fes deux amis,
fi ce plus vaillant & plus heureux des
Rois n'auoit que vingt & vn an quand il
gagna fa premiere bataille, mais ie fçay
bien que iamais coup d'extraordinaire
valeur n'a decidé fi hautement les in-
terefts des Couronnes, ny entraifné auec
tant d'auantage de noftre cofté la Balance

lance où toutes les destinees de l’Europe estoient suspenduës. THEOCLEE. On ma dit que vostre Lysis saisi d’vne double fureur, de celle des Muses, & de l’Amour de son païs, fit vn sonnet qui courut presque aussi-tost que le bruit de la victoire de Rocroy. DAMIS. Ie vous le vay dire.

Tel que Mars s’élançoit au milieu des Titans,
Quand il jetta contr’ eux la foudre de son Pere
Et donna pour victime à sa juste colere
Les corps démesurez, de ces fiers Combatans.

Tel & plus couronné de rayons éclatans,
Bourbon rend des François la fortune prospere ;
Le demon d’Occident tombe & se desespere,
Et deteste du sort les retours inconstans.

Des bois Ardeniens ses grands cris retentirent
Iusqu’ aux bords de la Seine, où les Muses l’oüirĕt,
Et creurent par sa cheute auoir droict de regner.

De son jeune Vainqueur elles chantent la gloire,
Et mettent plus de temps à parer sa Victoire,
Que sa vaillante main n’en mit à la gagner.

Q

THEOCLEE. Cette Poëſie eſt gran‑
de, elle eſt heroïque, & tient beau‑
coup de la majeſté des Anciens. G. Tout
le monde l'a jugée telle, excepté Lyſis.
Il dit qu'il n'a jamais tant patu, que les
effets ſont des maſles, & les paroles des
femelles, que par l'immortelle action
de ce nouueau Conquerant: & que c'eſt
vne plainte que les Poëtes & les Ora‑
teurs auront toûjours ſujet de luy fai‑
re. D. Voyez comme ſon cheual qui eſt
là repreſenté lequel frape du pied la
terre & demande encore le combat,
paroiſt fier & glorieux de ſa charge.
G. Si vous prenez garde qu'il eſt tout
en écume, & que vous alliez vous ſou‑
uenir de la fougue de Bucephale, & de
l'heureux deſeſpoir du grand Apelle,
noſtre premiere diſpute va recommen‑
cer. D. Ie voy, ſi ie ne me trompe, en
cette grande & vaſte Foreſt, quelque
repreſentation des Sapins & des Cheſ‑
nes, leſquels épars de coſté & d'autre
ſans beaucoup d'ordre, ainſi que nous

difions dernierement que cela pouuoit
bien arriuer, femblent bien n'eftre crus
là que par auanture. G. Et moy ie voy
bien, Theoclee, que voicy le temps de
partager le Soleil & la pouffiere, & de
retourner à noftre combat. D. Vous
fonnez donc ainfi brufquement la charge fans aucune des ceremonies qu'on
obferue par le droict des gens à la de-
nonciation des guerres. G. Que vous
n'eftes pas fi formalifte, Damis. D. Au
moins trouuez bon d'informer le monde auparauant, du fujet de noftre querelle : Car ne vous imaginez pas (ce que
i'ay déja expliqué ailleurs ; quoy que
peut - eftre moins clairement) que ie
vueille fouftenir qu'Epicure & fes difciples facrifient tant au hazard que l'on
dit, comme fi c'eftoit quelque nature
fubfiftante, laquelle fe mefla de tout.
Quand ils difent que le vuide & les atomes font les principes des mondes inombrables, Ils expriment affez ce me femble, que par la diffufion de l'vn dans
tous les corps, & les diuers mouuemens

des autres les choses se font & se de-
font. Celui-cy passant pour le lieu &
l'espace où se font les changemens ; &
ceux-là, pour les causes de toutes les
productions naturelles. Seulement pour
ce qu'ils n'ont ny raison ny intelligence, que sans dessein ils se sont ainsi meslez par la seule necessité de la matiere,
& que sans qu'ils en connussent rien, le
Ciel & la Terre ont resulté de leur assemblage ; comme quelques-vns ont
feint de la separation des semences hors
du Cahos, on dit que le Ciel & la Terre ont esté creez par hazard. G. C'est
à dire qu'en effet les trois mouuemens
que vous donnez aux atomes, celuy de
leur pesanteur naturelle en bas, de leur
declinaison à costé, & de leur entrecho-
quement ont acheué toute la composi-
tion des Estres seconds ou meslez selon
la conuenance de leurs figures. D. Gelaste n'entend mieux que moy-mesme.
G. Et ie croy que tout ce qu'il faut pour
vous conuaincre, c'est de destruire la
supposition que vous faites : Que le

monde ayant commencé par hazard, perſeuere depuis par nature, dans l'ordre inuiolable où nous le voyons. T. Il faut donc d'abord examiner s'il eſt vray ſemblable qu'vn ordre, & vn ordre perpetuel ſe puiſſe premierement eſtablir parmy tant de contrarietez, & ſe maintenir encore long-temps apres par vne puiſſance aueugle comme eſt la fortuue, ou par ce que vous nommiez, neceſſité de la matiere. G. Ie croy veritablement, que c'eſt là le nœud de la queſtion. D. Nous verrons, s'il vous plaiſt, Theoclee, comme vous en ſerez l'Alexandre : ce n'eſt pas qu'en noſtre premier entretien vous n'en ayez déja parlé ; mais pource que ce n'a eſté que comme en paſſant, ie ſeray rauy de vous y voir arreſter.

THEO. Les anciens Philoſophes languiſſoient autour de la matiere des corps, ſans conſiderer celuy qui l'employe ny à quelle vſage elle eſt employee ; bien loin de porter leurs eſprits juſqu'aux veritez ſupremes, dont tou-

Q iij

tes les autres dependent. Comme noftre connoiffance prend fon origine des
fens, leurs premieres meditations furent fur les objets fenfibles : Pleuft à
Dieu que les dernieres ne s'y fuffent
pas arreftées. Ils ne feroient pas tombez
dans l'vn ou l'autre de ces abymes comme de Scylle en Charibde, fouftenant,
ou que tout fe fait par neceffité, ou que
tout fe fait par hazard : deux erreurs
également oppofees à la verité & a elles-mefmes. L'occafion de la derniere :
car pour la premiere qui eft de la fatalité des Stoïques, ce n'eft pas icy le lieu
d'en parler, vient de ce que la matiere
qui entre en la compofition de tous les
corps, eftant de foy vague & indeter-
minee, les premiers Phificiens ont confondu l'indefiny, & l'infiny, & ont pen-
fé que n'y ayant aucune forme pour
determiner & arrefter cettte Incon-
ftante, c'eftoit fortuitement qu'elle
compofoit vne chofe pluftoft qu'vne
autre, eftant de foy indifferente à quoy
que ce fut. Ou bien, & cecy eft peut-

eſtre la principale ſource de leur deſordre, ils remarquoient que la nature,
ainſi que vous diſiez dernierement, ne
deubere point; dont ils ont cru qu'elle agiſſoit à l'auanture, & ne faiſoit rien
que par hazard. G. Ces obſeruations
ſont de la plus haute Philoſophie, mais
nous attendons encore quelque choſe
de plus grand de vous. T. Et quoy ?
qu'au lieu de m'eſtendre ſur les graces
& les beautez du monde, comme on
fait ordinairement en ce ſujet, ie ſap-
pe l'edifice des mondes par le fondement ; & montre, ce que pourtant ie
ne jugeois pas neceſſaire, que le Ciel,
la Terre & ce qu'ils enferment, ce grand
& cét immenſe Palais, ou Temple de
la nature, comme il vous plaira l'apel-
ler, n'a peu eſtre l'effet du hazard.
D. Ce ne ſera pas arracher les feüilles,
ce ſera, Theoclee, deraciner l'arbre entier. G. Ce bel arbre des Philoſophes
qui, comme a dit quelqu'vn des Grecs,
porte au lieu de fruicts, des ſonges,
des chimeres & en fait autant tomber
que de feüilles.

THEO. Que par hazard vne chose ou deux se trouuassent bien rangees (Gelaste vn peu plus liberal que moy, vous l'accorda l'autre iour) mais que toutes ayent esté rangees ainsi ; que la fortune, vague, incertaine, aueugle & precipitee qu'elle est , acheue ce que toute la Sagesse assemblee ne peut assez admirer , c'est ce qui est mal-aisé de comprendre. La confusion a donc fait l'ordre, l'aueuglement la lumiere, la legereté & l'impetuosité mesme a fondé les colomnes inebranlables de l'Vniuers , la precipitation des natures elementaires a surpassé tous les chef-d'œuures de la prudence, Le monde vient du cas fortuit : Ie le nie : C'est à toy, Epicure, à le prouuer. Puis que selon toy chaque chose a de certains principes dont elle part, & que nul effet ne peut sortir du neant , autrement toutes choses se feroient de toutes choses : Comment est-ce que tu réponds si on t'interroge, pourquoy est-ce que cela n'arriuera pas , si vne fois on accorde que la for-

tune

tune legere & charmante, soit cause de l'ordre reiglé & constant? Que par ha-zard tant d'Atomes ronds & mouuans se soient assemblez, qu'ils ayent pro-duit vn feu mediocre : tant de par-celles coulantes & fluides, qu'elles ayent composé vn Ruisseau ; tant de figures desliées & subtiles, qu'vn peu d'air en soit sorty : tant de parties crochuës & serrées ensemble, qu'vne poignée de terre en soit formée : cela auroit tousiours ses difficultez. Mais que de-là tant de vastes corps, comme en contiennent les espaces du feu, de l'air, de l'eau & de la terre, ayent pris leur origine & se soient si bien rangez; & que dés sa naissance le feu n'ait point fait exhaler l'eau, ou l'eau n'ait point esteint le feu : Et ainsi des autres na-tures opposées: c'est ce qui est plus in-croyable que les Chimeres & les Cen-taures. Car s'il n'y à point de ces monstres, s'ils ne peuuent subsister à cause de la repugnance de leurs prin-cipes, ainsi que disoit Epicure, com-

ment est-ce que cét assemblage de
tant de natures contraires s'est pû faire premierement, ou comment ne s'est
il desia destruit? Comment est-ce que
des corps composez de feu & d'eau ;
d'air & de terre , subsistent si long-
temps, que les Diamans & les Rochers
ont presque vne durée infinie ? Dans ce
vuide illimité pour hasardeusement
produire quelque vapeur , quelque estoille, quelque arbre, quelque animal,
combien de ramas de parcelles , combien d'oppositions par les autres Atomes , combien de rencontres fauorables faut-il feindre , combien de mouuements opposez comme dans vne Mer
orageuse ou tout flotte incertaine-
ment ! Que si l'on adjouste , que pour
l'establissement du Monde , il faut que
cette estoille se trouue dans vn Ciel ;
que le Ciel s'arrondisse autour de la
Terre, qu'aux lieux conuenables soient
les Rochers , & l'arbre au terroir qui
luy est propre , & qu'on doit encore
empescher que le mesme hasard ne

furuienne pour ruiner tout ce qui
vient d'eſtre eſtably. Ie ne voy pas,
tant i'ay peu de veuë, ce que l'on doit
nommer incroyable , ſi cette opinion
ne l'eſt pas. Examinez ie vous prie
qu'elle a eſté la premiere production
de tant d'eſpeces , de reptiles , de poiſſons & d'oyſeaux : & s'il y à pluſieurs
mondes, pour former tant d'Ours & de
Lyons, d'Aigles & de Milans, de Dau-
phins, de Baleynes, de Cheſnes, d'Ormes & de Sapins , de mineraux & de
ſimples, combien en vn ſeul hazard qui
premierement les mit au Monde il faut
ſuppoſer de hazards ! Vous direz peut
eſtre que cela eſt arriué par la neceſſité
de la matiere , mais vous auez veu le
contraire ailleurs. Donc ce n'eſt pas
par hazard que toutes les ſubſtances
ont eſté rangées. Et comme i'ay deſia
dit & ne puis me laſſer de le redire, vn
contraire n'a peu produire ſon contraire , Le hazard broüillon & aueugle, la
diſtinction & la clarté. Donnons plus
d'eſclat à ce raiſonnement par quel-

que exemple. Suppofons que l'on pren-
ne cent mille foldats experimentez, appellez les Capitaines des vieilles Ban-
des, que la Cauallerie & l'Infanterie
foient bien armées & dans l'exacte dif-
cipline, donnez leur vn lieu d'affem-
blée, & les mettez en fuitte dans vne
raze campagne les yeux fermez ; En
cét eftat ils ne feront pas plus aueugles
que les corps infenfibles d'Epicure: Que
là ils s'efbranflent, fe remuent, s'agitent,
& fe meflent vn million de fois ; s'ils fe
mettent jamais en ordre de bien marcher, de bien camper & de bien combattre, ie permets aux Epicuriens de
fe mocquer de l'art militaire & de la
conduite des Cefars. C'eft dauantage.
Que les foldats foient vaillans, les officiers entendus, les Chefs prudens, fi
celuy qui commande à tous ne l'eft pas,
s'il demeure trop long-temps à table ou
au lict, s'il ne veut pas quitter le jeu ou
la bonne chere, & que les ennemis
viennent à donner, tout fuyra fans
prendre les ordres, ce ne fera pas com-

bat, ce ne fera que tuërie & que maſ-
ſacre. Cependant vous voulez qu'autant d'armées qu'il y a de cieux & d'e-
ſtoilles, que quelque ancien Oracle
appelle la milice de Dieu, autant de
troupes que l'on voit d'eſpeces d'animaux, autant de Miniſtres de l'ame, que
l'on trouue en nos corps d'humeurs &
de parties differentes, ayent par vn ſage haſard, reüſſiſſant à la fois en tant
de choſes, en tant de lieux, en tant
d'eſpeces & d'indiuidus, eſté premierement ordonnées, & continué depuis
dans leur ordre. Non, non, la matiere, les Atomes, les Elemens, ſont bien
capables d'eſtre rangez, mais non pas
de ſe ranger ainſi d'eux-meſmes en la
production de tant de genres diuers.
Il en eſt comme du marbre & du porphire ſur qui l'art doit trauailler : Ils
auroient beau eſtre en maſſe auprez du
burin & du ciſeau, ſi le Sculpteur ne
les taille induſtrieuſement & ne les
graue, iamais ils ne ſe changeront
d'eux-meſmes en corniches, en

R iij

moulures & en festons. Cependant
que fait la Sculpture, qu'imiter la Nature autant qu'elle peut ? Ou qu'à fait
en la premiere origine du Monde cette
Nature hazardeuse & despourueuë de
conseil selon Epicure , d'inferieur à ce
qu'auroit pû faire la plus haute & la
plus miraculeuse Sagesse ? Ainsi que
nous disions dernierement. G. Tout
ce discours, Damis, comme vos Leuci-
pes & vos Democrites seroient contraints de l'aduoüer, ne repugne à rien
de ce qui tombe souz nos sens, & s'accorde parfaitement ce me semble à toutes les apparences des choses. Vous
direz peut-estre, comme vous disiez l'autre iour qu'il y à bien des deffaux dans
la Nature ; & qu'il n'est pas probable
qu'vne supreme intelligence les souffrit
si elle auoit assez de bonté pour la conduire. Mais il ne repugne point encore
à ce que nous esproüuons tous les iours
à ce que nous voyons de nos yeux &
touchons de nos mains, que ce qui est
vn mal pour le particulier soit vn bien

pour le public, à quoy la premiere cauſe doit principalement prendre garde, ou pluſtoſt que ce que l'homme ignorant, foible & aueugle de ſoy, prend pour vne imperfection, ſoit vn ſecret de l'art, & vn chef d'œuure de la beſogne. Noſtre eſprit à ce que confeſſoit Epicure meſme, ne s'eſgalle pas à toute l'immenſité de la Nature, & au delà de la portée de ſa veuë, il ne peut plus rien voir diſtinctement : ce n'eſt plus pour luy que confuſion, & que tenebres. Outre qu'alleguer des difficultez n'eſt pas foudre vne queſtion, & qu'il ne faut pas douter de ce qui eſt indubitable & de ce que l'on voit clairement, à ſçauoir que l'ordre des Elemens & des Cieux doit eſtre vn effet de la Sageſſe, puiſque l'on ne veoit ny famille, ny Republique bien ordonnée ſans ſon moyen ; pour quelque choſe qui s'y meſle qu'on ne peut ſi nettement apperçeuoir. On ne doutera iamais que la lumiere ne ſoit la plus belle choſe du Monde, quoy qu'on ne ſçache pas,

disoit vn Philosophe sacré, d'où elle
vient, ny où elle se retire, quoy qu'elle blesse les yeux malades, & descouure les taches des visages aussi bien que
leur beauté. Certainement, Damis,
souuent nous transferons le déreigle-
ment de nos ames aux choses qui nous
enuironnent. Et comme ces amants
qui pestent tantost contre le jour qui
les descouure, & tantost contre la nuit
qui les surprend en leurs voyages a-
moureux, & les empesche de les acheuer: Nous jugeons par nostre disposition de la disposition du monde, & n'e-
xaminons rien tranquillement. La nuit
pourtant n'est pas moins necessaire que
le jour est beau, & cette vicissitude de
trauail & de repos si bien marquée par
l'vn & par l'autre, est vn soin continué
de la Prouidence sur nous. Mais nous
interrompons Theoclée.

 D Pour m'esclaircir absolument, je
souhaitterois fort qu'il nous dit

si

si comme on a autrefois remarqué de l'escume de Bucephale faite fortuitement sur la toille du grand Appelle, de ces grains que les oyseaux laisserent tomber, dont apres tant de terres ont esté semées, & de tant de chesnes, dont il y à si grande aparence que les glands ont esté casuellement respandus : le Monde n'auroit pas peu estre premierement produit par hazard, quoy que cette premiere production supposee, les autres generations eussent suiuy auec toute la regularité possible. Car il me semble que c'est-là encore qu'Epicure tient son char & ses armes, & qu'il est mal-aisé de le renuerser. T. Nous auons assez discouru du premier poinct; Au moins si vous n'auez rien de plus noueau & de plus merueilleux à nous dire : pour le second, il est desia de soy-mesme tout esclaircy. Quoy l'effect aura vne operation certaine & determinée, & sa cause ne l'aura pas ? Le sort qui est si changeant & si muable, l'inconstance & la legereté mesme, sera

Que le Monde ne peut se maintenir par Nature s'il a esté faict par hasard, auec la response aux objections contraires.

principe de tous les estres stables &
permanents ? La raison & l'experience
depofent hautement le contraire. Car
tout ce qui fe meut , tout ce qui fe
change, s'engendre & fe corrompt, demande , ou des poles immobiles comme ceux du Ciel , ou vn centre ines-
branlable comme la terre. D'ailleurs il
eſt eſt bien raiſonnable, s'il y à neceſſité
d'eſtre pour quelque choſe en la nature , que ce ſoit pour les plus parfaites :
Et partant que la Sageſſe qui vaut
mieux que l'imprudence, & la raiſon,
que la fortune , diuines & immuables
qu'elles ſont , conduiſent , reiglent, &
changent le Monde ſans ſe changer. Le
hazard à bien diſcourir ne deuance pas
les ſubſtances ny les corps: Il ne pre-
cede pas au genre des eſtres ,   Il ſuit
ſeulement : & ne dites point que cette
doctrine eſt bonne en l'eſtat preſent ou
eſt le Monde ; Mais que du commencement il n'en eſtoit pas ainſi.   Car outre que ie ne penſe pas que vous ayez
aſſiſté à la naiſſance des Cieux & des

Elemens ; il eſt indubitable qu'vne
cauſe ne pouuant donner ce qu'elle n'a
pas, le hazard qui par ſa propre deffini-
tion, eſt conuaincu de tumulte, d'inconſtance & d'aueuglement, n'a peu
donner au Ciel cette conſtance inua-
riable de mouuements planetaires ; à
la terre & à la mer cette perpetuelle &
certaine vertu par qui vn ſemblable
produit ſon ſemblable. Le hazard eſt
de ce qui n'arriue pas ſouuent d'vne
meſme ſorte, de ce qui n'a point de fin
aſſeurée ; au lieu que comme l'art ſe
propoſe touſiours vn but en ce qu'il
fait ; celuy de nauiger, le commerce,
l'Architecture, noſtre logement : la Medecine, la ſanté : Ainſi la Nature non
ſeulement en ſon tout & en ſes princi-
palles parties, mais iuſques dans les entrailles de la Terre garda dés le commencement ſelon vous, & garde encore aujourd'huy parmy les metaux & les
pierres (& pour vous conuaincre par
vos yeux meſme, parmy ces Abeilles
que vous voyez ſortir de leurs ruches,

& ces petits Papillons qui voletent autour de nous) vn ordre si exact, & si ac-
commodé à leur vsage, à leur office, &
à leur perfection, que soit au dedans soit
au dehors, toutes leurs parties furent &
sont maintenant disposées en sorte que
pour peu d'alteration qu'on y voulut
apporter, ces choses ne se pourroient
conseruer ny agir, comme elles font, excellemment. Par consequet puisqu'au
commencement du Monde, les choses
à ce que dit Epicure, estoient plus parfaites qu'elles ne sont pas; on auroit tort
de s'imaginer, outre que cette imagination est creuse & vaine sans exemple d'aucun bel effet, produit ainsi qu'à
la naissance de ce grand tout le hazard
en fut le Maistre, ou qu'elles se fussent
rágéespar la seule necessité de la matiere.

1. *Dial.*
Sect.
VI.

Ce que nous auons monstré re-
pugner sensiblement à tous les corps a-
nimez. G. Voyons vn peu vostre Lucrece & vostre Lisis nous verrons comme quoy tout s'empire auec le temps,
& s'empire si fort qu'à la fin le

tout mesme doit perir. Donc il est aisé de conclurre, que si dans la corruption des siecles qui se destruisent les vns les autres, & ne laissent rien d'entier, il y a pourtant encore de si beaux & de si rares ouurages du Ciel & de la Nature, & dont les causes sont si certaines & si reiglées, qu'elles deuoient bien l'estre dauantage dans la premiere pureté de leur origine, dans toute leur force & leur vigueur. D. Vous n'auez qu'à lire cét endroit du cinquiesme Liure, vous y trouuerez ce que vous cherchez.

Ces rochers sourcilleux qui fõt ombre aux cãpagnes
Arrachez par le temps tombent de leurs montagnes
La vieillesse est pour eux comme pour les humains.
Les Printemps ne sont plus, ny si doux ny si sains,
Et de productions la Nature espuisée
Par la force du temps n'est que trop maistrisée,
A ses nombreux enfans elle ne suffit plus,
Et la Terre est sterile, ou le Ciel est perclus.
  Le Monde ainsi que nous souffre sa destinée,
Et de ses changemens la cause infortunée

Redoublant ſes efforts de l'vn à l'autre bout
Vn jour ſoubs ſa ruyne accablera le tout.

Tellement que ce n'eſt plus par l'authorité des Hiſtoires & par la nouueauté des Empires & des Arts qu'on iuſtifie que le Monde n'a pas touſiours eſté, mais par des raiſons tirées de la nature du Monde meſme, ainſi que l'enſeignent vos Docteurs. Doncq ſuiuant leurs principes, Gelaſte a bien raiſonné quand il a raiſonné ainſi. Puis que le Ciel & la Terre eſtoient plus parfaits en leur naiſſance, qu'ils ne ſont en leur vieilleſſe & en leur cheute: comment les generations ou il y a tant d'admirables reſſorts qui joüent, ſe faiſoient elles alors ſans deſſein & à l'auanture, veu que maintenant elles ſe font & perſeuerent auec tant d'ordre? alleguer la deſſus l'exemple d'Apelle, ce n'eſt pas reſpondre trop pertinemment. Car outre que l'on ſçait, comme dit le Poë-

Ce que la Grece mensongere
Pour Hiftoire ofe debiter.

C'Eſt que ſi ce fameux Peintre pouuoit reſpondre, il vous diroit ſans doute, luy qui auoit bien connoiſſance d'autres arts que de la peinture, j'ad-uouë, Damis, qu'vne fois la fortune a mieux reüſſi que mon art, mais j'ay mille fois reüſſi ſans elle, on voit la Venus de Gnide, la Roxane, & Alexandre la foudre à la main, ou elle n'a point eu de part, cependant ce ſont des chef-d'œuures. Penſez-vous deſtruire tout ce que la peinture enſeigne des pro-portions des iours, des ombres, du coloris, de la carnation, de la drapperie, ce qui a fait les Zeuxis & les Parraſies, & en ces derniers temps les Raphaels & les Michels Anges, ces grands pre-ceptes leſquels eſtans obſeruez reüſſiſ-ſent touſiours, pour ce que ſans eux quelque choſe a rencontré vne ſeule fois? Il n'y a point de Ioüeur de dez qui

voulut manquer aux maximes du jeu,
fur vne efperance fi incertaine. Comme vne fleur ne fait pas le Printemps,
voit-on pas qu'vn rencontre ne fait
pas la neceffité ? autrement, ô fage
Politique, fermez toutes les boutiques
des Artifans, oftez les lettres de Mai-
ftrife, deffendez d'ouurir la porte des
Academies, & banniffez genereufement
vne bonne fois de l'Eftat, toutes les
fçiences & les arts. En vain donc au-
roi-je tant eftudié mon pinceau, tant
medité fur l'Anatomie, tant confulté
les Maiftres du Meftier, tant efcouté le
iugement de la multitude, par qui l'on
croit que le Ciel parle quelquefois,
tant paffé de jours à la befongne, & de
nuits fans fermer l'œil. G. Ne le faites
point parler dauantage, cette profopo-
pée tient du magique, & pour moy je
crains les efprits. Quand il feroit veritable qu'Appelle euft rencontré par
hafard à faire l'efcume de Bucephale,
feroit-ce vn fi grand effet? cela n'eft point
fort difficile: tous les iours les flots de

la mer n'efcument-ils pas , fe brifant
contre les rochers par l'air & la lumiere qui fe meflent dans les pores de l'eau?
l'efcume eft vn corps, dont toutes les
parties font femblables, & où il n'y a
point de diftinction ; Ce n'eft pas comme aux corps des plantes & des animaux, dont chaque partie eft differen-
te. Pour me conuaincre par vn exemple important, il me faudroit monftrer
les Salles & les Temples de la Geece &
de l'Afie, remplis de tableaux admirables où l'on euft peint des forefts, des
riuieres, des villes, des armées, le Gange, l'Accéan, les Indes auec tous leurs
peuples, & me prouuer enfuite qu'Appelle auroit finy toutes ces pieces par
hafard ; alors ie pourrois douter que les
Indes, le Gange, l'Ocean, l'Europe &
l'Afie, enfin toutes les parties du monde qui font encores plus belles que leurs
peintures auroient efté formées hafar-
deufement. Et puis, ô bon Damis, d'vn
rencontre particulier, comme Theoclée vous l'a dit en paffant, on ne peut

T

tirer de confequence vniuerfelle fans bleffer la Logique & le bon fens. Voyez vn peu quelle fuite & quelle force d'argument? vne chofe a efté faite par hafard, donc tout ce qui eft au Monde, Lune, Soleil, Eftoilles, Terre, Mer, Plantes, Hommes, Animaux, furent premierement faits ainfi. Appelle a reprefenté fortuitement l'efcume du cheual d'Alexandre; donc tous les tableaux de ce Peintre ont efté peints fortuitement. Mais comme nous auons defia dit ailleurs, le fçauant Epicure n'eftoit pas Logicien, il auoit bien de plus hautes occupations que la Dialectique. T. Difons plus fubtilement, s'il fe peut, & plus fortement que cette efcume fortunee qui blanchit la bouche de Bucephale, ne fut hafard qu'au Peintre & non pas en foy. Qui ietteroit de mefme mouuement des couleurs broyees de la mefne forte, contre vne toille tenduë comme eftoit la fienne, il en fortiroit le mefme effet, & fi Appelle y euft pris garde, & s'en fuft fouuenu, il au-

roit peu faire vne ſçience de ce haſard.
Nous l'auons dit autrefois, il n'y a point
de cas fortuit en la nature, puis qu'il n'y
a aucun effet dont on ne puiſſe aſſigner
la cauſe; mais le nombre & l'enchaiſnement de toutes celles qui y contribuent, ne nous eſtant pas connu entierement, nous recourons au cas fortuit, ou pour excuſer noſtre imprudence, ou pour trouuer vn aſile à l'ignorance qui nous perſecute. La fortune eſt
le refuge des ignorans, la Reyne des
temeraires, la Deeſſe des inſenſez; de
meſme que l'Amour nous la deïfions de
noſtre authorité particuliere? l'homme
n'eſt pas ſçauant & il eſt ſuperbe, voila l'origine de tout le mal. Et puis la
fortune eſt vne cauſe par accident, &
toute cauſe par accident en ſuppoſe v-
ne qui ſoit telle par elle-meſme. La neceſſité de la matiere ny ſon mouuement aueugle, comme nous l'auons
prouué & par raiſon & par exemple,
ne ſuffiſent pas pour la belle diſpoſition
du monde: au contraire la matiere &

le hazard font autheurs de toute ir-
regularité , & de toute confufion
dans la vie ciuile & dans la Nature :
Ils broüillent & confondent toutes chofes , partant ils ne font point autheurs
de l'ordre du Monde. G. Damis a
toufiours les yeux fur cette foreft des
Ardennes , & ne fe peut laffer de
voir les Chefnes , les Ormes , les Sapins , ny ces routes efcartées & con-
fufes du bois , où il y à fi long-temps
qu'il fe veut retrancher auec fon hazard. D. Il n'y à point de quartier
auec Gelafte , c'eft vn perçeur de
Forefts , c'eft vn forceur de Rochers.
Et bien il eft vray , ie l'aduoüe , des
glands fortuitement femez , ont ce
me femble pû faire vne Foreft comme celle qui eft là reprefentée. Ainfi
peut-on philofopher de plufieurs chofes fans que cela repugne aux apparences. THEOCLE'E. Pour arracher donc quelques branches des
chefnes où vous mettez voftre aueu-

gle fortune à couuert. Prenez garde, Damis, qu'encores que des paſ-
ſans puiſſent laiſſer par hazard tomber des glands & des grains en vne
terre : que ſi neantmoins les glands
& les grains n'auoient leurs vertus
naturelles, ſi la terre n'auoit la pro-
prieté de les pourrir pour les faire
germer : Si les pluyes, l'air & le Soleil ne les aſſiſtoient de leurs influences, iamais vn pampre de vignes ſur
les Rochers de Noruegue, vn grain
de bled tombé par hazard dans les
Sablons de Lybie, ne feroient faire
ny beaucoup de vandanges, ny de
moiſſons. Il ne faut donc pas penſer qu'vne choſe arriue premierement
par hazard, & qu'elle continuë apres
par Nature : Au moins ſi elle n'a
de vrayes cauſes qui d'abord l'a produiſent, & qui l'entretiennent a-
pres.

T iij

G. Que voulez-vous, du temps d'E-picure ia Logique n'estoit pas encore bien entenduë. Quand il disoit à ses Damis, il se fait quelquefois for-tuitement des choses, qui durent apres long-temps dans le Monde : Donc il ne repugne point que le Monde ayt esté fait ainsi : il croyoit cette consequence merueilleuse ; & n'alloit pas chercher comme vn Theoclée, toute la suitte & la connexion des causes pour en bannir le hazard, il ne pensoit pas mesme qu'on pût conclure de ses principes tout le contraire de ce qu'il disoit. D. Et quoy? G. Il se fait souuent des choses fortuite-ment qui ne durent point, & qui man-quant de conduite se destruisent bien-tost d'elles-mesmes ? Donc le Monde n'a peu s'establir & se conseruer ainsi. Enfin sans alleguer tout ce que l'on dit dans les écolles contre l'infiny, & côtre le vuide : par quelle reuelation ce S. hôme. T. Il entend vostre Epicure. G. Ce sainct homme sçauoit-il qu'il y a des

Mondes inombrables, que des atomes, les vns font longs les autres crochus, ceux-cy quarrés, & ceux-là ronds, de figure exagone ou pentagone, qu'en se remuant ils ont fait le monde par hasard; veu que l'on n'a iamais veu vne espee, vn liure, vne table se faire ainsi. Et puis comment est-ce que des parties solides & figurées, à la bonne heure, mais qui de soy n'ont ny chaleur ny humidité, aussi-tost qu'elles se joignirent ensemble furent capables de l'vne & de l'autre : Comment est-ce que ces petits corps qui n'ont aucune qualité generatiue, & qui frapans & frapez, ne peuuent faire qu'vn son, suffirent d'abord & suffisent encore à present à tant de productions necessaires pour faire le Monde & l'entretenir ? Outre que les elemens d'Empedocles disposés par l'esprit qu'Anaxagore a reconnu le premier, peuuent suffire à la disposition & à la conduite du monde, & ne suposer point tant de figures & des corps infinis sans necessité. Car de dire

que l'Vniuers est infiny , pour ce
qu'il ne se peut imaginer de termes au
de-là desquels il ne puisse encore s'e-
tendre : il n'y a point au monde de ligne ny de cercle qui ne peussent estre
infinis de la façon ; il n'y a point de
montagne qui ne peut toucher le Ciel.
ny de riuiere qui ne fut aussi large que
le Danube, & aussi rapide que le Rhos-
ne , si vne fois l'imagination fait les
choses , & qu'il soit largement permis
de resver. Le Monde, Damis, est vn
corps, tout corps est figuré , & toute
figure est vne quantité terminée par elle-mesme, comme la lumiere est visible de soy, sans qu'il faille admettre d'infinité. Pour vostre bel hasard, ie croy
que Theoclee, vous a bien fait voir que
c'est encore vn de vos phantosmes, vn
pur ouurage d'imagination esga-
ree apres la diuersité des accidents
qu'elle ne comprend pas. T. Ne trou-
blons point Damis dauantage, ô Gelaste, respectons le droict d'hospitalité &
celuy qui nous a tant de fois si bien re-

ceus.

ceus. Ne luy demandons point pourquoy les atomes ont cette inclination
de descendre & de monter dans le vuide. Quelle necessité ordonne que des
petits corps figurez joüyssent du priuilege de l'eternité. Quelle contradiction
il trouue à nyer de tels principes, & si
on ne peut pas en imaginer de meilleurs & de plus certains. Ne nous en-
querons point s'il suffit de la simplicité
de leur nature pour les faire subsister
d'eux-mesmes, estant d'ailleurs sans raison & sans cõnoissance, insensibles, stupides & insensez : veu que ce qui est de
soy & independant, doit posseder tant
de perfections qu'il n'en puisse auoir dauantage. Ce qui est tres-manifeste, puis
que nul agent superieur ne la limité,
& qu'il possede l'estre par essence &
non par emprunt, & participation d'ailleurs. D. Ce que vous dites ne combat pas plus Epicure que Platon, Aristote & tous les autres Phisiciens dont
les vns dõnent l'independance au monde, lequel de soy n'est pas souueraine-
IV

ment parfait s'il est sans raison & intelligence, & les autres à la matiere. Tout
cet assemblage de Cieux & de Terre
n'est parfait qu'en vn certain genre qui
est celuy de corps, & non pas en tout.
Par consequent selon vous, ô Theoclee, il n'est point eternel, ny par necessité de nature, puisque la Souueraine perfection luy manque: Qu'il n'est
& ne peut-estre immense, infiny, e-
xempt des seruitudes de la matiere, ny
de la stupidité des choses mortes & inanimees. Car de luy donner vne ame,
comme ont fait les Stoïciens, & faire
vn animal de celuy qui en enferme tant
d'autres, c'est la derniere chimere des
Philosophes. T. Vous auez raison Damis
quels que soient les principes des Grecs
ou des Arabes, des Perses & des Indiens,
ils ne sont point necessaires; il n'y en a
qu'vn infiny de nature & de puissance
qui subsiste necessairement. Comme
tous les nombres se reduisent à l'vnité,
& ne sont point sans elle, mais l'vnité
peut estre sans eux; Ainsi tous les principes des Mages & des Brachmanes, des

Druides & des autres Philosophes, ou ne
sont point, ou sont seulement par dependance d'vne seule cause independante.
Autrement, cóment est-ce, ou que l'in-
stabilité d'vne matiere aueugle & dis-
forme, ou que des parcelles stupides &
inanimees, ou que des elemens imparfaits d'eux-mesmes, comme estant esloignez de raison & de sçauoir, en vn mot
tant d'imperfections pourroient s'accorder auec la perfection premiere &
souueraine, j'entend l'independance &
l'eternité? Des natures priuées de conseil & d'intelligence, auroient-elles pû
estre causes de la liberté & de la raison?
des parties indiuisibles qui n'agissent que
par impetuosité naturelle, en qui rien ne
se resout, & de qui rien ne se compose,
auroiér-elles formé cét animal diuin qui
va au dessus des Cieux & au dessous des
abysmes par sa pensee, & dont la volonté
ne recōnoist point de puissance qui la
puisse iamais forcer? si des atomes (ou
quoy que ce soit destitué de sagesse & de
liberté) pouuoient produire des ames

libres & raisonnables, toutes choses se
pourroient faire de toutes choses : ce
qui n'est pas moins impossible que ri-
diculle. Enfin pourquoy contre leurs
principes mesmes, multiplians les estres
sans necessité, au lieu d'vne sagesse Tou-
te-Puissante qui suffit à produire le Monde, & à le regir ; Ces sages pretendus
de la Grece nous veulent-ils embaras-
ser d'vn nombre infiny de petits corps?
Ils n'excluent pas à la verité, la cause
efficiente du Monde, mais ils ostent la
gloire de son bel ordre à la Sagesse, &
la transferent au hazard. Pourquoy s'il
faut recognoistre vne cause d'vne si
belle conduite qu'est celle des Cieux &
des Planettes, comme necessairement il
le faut ; trouuent-ils moins à propos
de l'attribuer à vne Sapience éternelle,
qu'à la temerité de la fortune? G. Nous
auions dit qu'il ne falloit pas presser
Damis dauantage. D. Ie vous tien Ga-
laste, auec toute vostre fausse ciuilité, on
ne se ioüe pas ainsi de Damis. Vous le
disiez tantost, ce sont-là les principes
ii V

de l'Epicurifme, & partant il n'en faut
point difputer ; Mais il faut voir, comme font les Mathematiciens, fuppofant
leur point, leur ligne, leur fuperficie; ce
que l'on en doit inferer raifonnable-
ment. Ou feroient Ariftote & Platon fi
on reuoquoit leurs principes en doute ?
ou feroient Euclide & fes difciples, fi on
leur alloit nier leur poinct fans parties,
leur ligne fans largeur, leur fuperficie
fans efpaiffeur. G. N'en parlons plus
mes amis, n'en parlons plus ; Si l'on
m'accorde vne fois des principes que ie
feray tels qu'il me plaira, & que l'on ny
touche non plus qu'aux Autels, ie m'en
vay baftir vn corps prodigieux de Philofophie, & il n'y aura rien de fi bi-
zearre que ie ne deffende brauement.
L'Academie dont ie feray le Directeur,
s'apellera l'Academie des Phantaftiques
ou tous les Philofophes extrauagans feront paffez Maiftres fans rien donner.
D. Ie fçay bien que ce que nous difions
eft du rang de ces veritez incroyables à
qui la nouueauté ofte le credit parmy

les Ames communes ; mais ie fçay
bien auffi qu'vn fort efprit n'aura pas
peine à comprendre que des corps infinis pouffez & repouffez dans vn vuide infiniment efpandu, apres auoir
tenté par tant de fiecles tous les genres de mouuement & tous les moyens
de s'vnir, ayent produit ce qu'on appelle le Monde, lequel nous paroift
plus grand qu'il n'eft pas, pour ce que
nous en fommes contenus, & qu'à fa
comparaifon nous paroiffons fi peu de
chofe, mais qui en effect n'eft rien à l'é-
gal de l'Vniuers. T. Dites pluftoft à
l'efgard du Souuerain de tous les Eftres
& de la premiere de toutes les caufes,
car à bien raifonner il n'y à qu'elle qui
foit neceffairement. Ce qui eft par
éminence & poffede en fon vnité tous
les degrez differents de l'Eftre (comme la lumiere eft vne qualité qui contient éminemment toutes les autres)
eft la feule chofe incompatible auec
le neant, pour ce que fon infinie
perfection en eft infiniement elloi-
gnée ; il n'en eft pas ainfi de toutes

les chofes finies & bornées : car pour
vne chofe qu'elles font, il y en à milles
qu'elles ne font pas ny par nature ny par
excellence. L'homme n'eft point arbre,
terre ny Soleil, & n'a point la puiffance de
les produire. Il n'eft rien de tout le refte
que nous voyons, & n'enferme point en
foy la vertu de les mettre au jour : Au
lieu que comme la lumiere n'eft ny couleur ny chaleur, ny pas vne des autres
qualitez, mais quelque chofe de plus noble & de plus beau puifqu'elle en peut e-
ftre la caufe : de mefme Dieu n'eftant rien
de tout ce que l'on voit, foit dans le Ciel
foit fur la terre, pource que leurs perfections font meflées de defaux, eft toutefois leur principe & leur autheur. G. Ce
que vient de dire Theoclée que pour a-
uoir vne entiere opofition au neant, c'eft
à dire pour fubfifter par neceffité de nature, il faut poffeder en foy toute la plenitude de l'Eftre, eft digne des reflexions
de toute la Philofophie. D. Ie n'ay pas
bien compris la force de cét argument.
T. C'eft qu'vne chofe n'eft diftante du

neant que par les degrez d'eſtre, & de la façon qu'elle les poſſede; & par conſequent ce qui n'a que des perfeﬖions finies, n'eſt pas infiniment eſloigné du contraire de l'eſtre qui eſt le neant. D'où il eſt aiſé de conclure qu'il ne repugne point qu'vne telle choſe ne ſoit pas. Car par exemple quand il n'y auroit ny Aſtres ny Cieux: quand les atomes ou les petits corps impalpables & inſenſibles qui n'ont ny raiſon ny iugement ne ſeroient point, quelle contradiﬖion apparente y trouuez vous. D. Que rien ne pourroit s'engendrer ny ſe corrompre, ou pour parler ſelon nos autheurs, que les petites parcelles ne pouuant s'vnir ny ſe des-vnir, iamais rien ne ſe pourroit faire ou deffaire. T. Nous voyons les generations & les corruptions, ô Damis, nous auoüons de plus, que ſupoſé l'ordre du monde, les vnes & les autres ſont neceſſaires: Mais nous diſons qu'il n'eſt point neceſſaire que cét ordre ſoit, ny le monde meſme. Le monde où nous ſommes, &

cent

cent mille autres de semblables s'il y
en pouuoit auoir autant , sont tou∫-
iours finis & bornez en leur tout & en
leurs parties : Quelle repugnance trou-
uez-vous que ce qui e∫t finy, fini∬e, ou
qu'il n'ait me∫me iamais e∫té ? Ce que
l'on ne peut dire de Dieu qui e∫t infiny de nature & de pui∬ance , & par
∫oy-me∫me infiniment e∫loigné du
neant , ou par con∫equent il ne peut
iamais tomber. Infinité qui n'e∫t pas
vne negation , comme quelques Philo-
∫ophes vulgaires ∫e pourroient imaginer, mais vne perfection reelle & po∫i-
tiue , ab∫oluë & indépendante , qui
contient par éminence tout ce qu'il y
à de parfait, ∫oit dans les corps ∫oit dans
les e∫prits, auec vne pui∬ance tou∫iouts
pleine, & tou∫iours actiue de ∫e communiquer éternellement, & de produire ince∬amment ce qu'il luy plaira; creer
de nouuelles & de nouuelles cho∫es, &
aller tou∫iours de plus parfaites en plus
parfaites , ∫ans pouuoir e∫tre iamais
e∫puizée. Mais de toutes les Mu∫es,

ô Damis , il n'y à qu'Vranie qui nous
entende.

D Ie suis esbloüy, Theoclée, de ces
veritez metaphisiques de vos
hautes & diuines speculations : mais
laissez-moy ie vous prie agir humainement auec Gelaste. Epicure luy accor-
deroit de bon cœur (ce qu'il sembloit
il y a quelque temps objecter comme
impossible) qu'infinis caracteres iettez
à l'auanture, & par infinies fois diuersement meslez pourroient composer l'I-
liade & l'Eneide : car au nom des Muses quelle repugnance y trouue-on? Que
ne peut operer l'inombrable diuersité
des figures & la varieté des meslan-
ges, puis que la simple transposition des
lettres d'vn mesme alphabeth, fait des
ouurages si diuers, tant de comedies
& de tragedies , disoit Democrite ,
dont les sujets sont si esloignez & les
incidens si contraires. G. Si cela est
faisable , pourquoy de quelqu'vn de

vos mondes inombrables, (car le vuide & les atomes font par tout efpan-
dus) n'eft-il iamais tombé icy vn Poëme acheué, comme celuy du Taffe, ou
feulement comme celuy de l'Ariofte?
Que Virgille auroit efté mal-heureux
de tant trauailler fes vers, & de paffer
inutillement tant d'années à lécher fon
Ours! D. Voila bien refpectueufe-
ment parlé de la diuine Eneide. G.
Toute voftre philofophie, fi vous y
prenez garde, Damis, fe reduit à des
fuppofitions qu'il faut ne iamais choquer: car qui nyeroit par exemple l'infinité des corps, ou l'immenfité du vuide, ou le poids des atomes, ou leurs de-
clinaifons ou leurs figures; à-dieu les
Mondes diuers & tout ce qu'ils contiennent, à-dieu voftre Eneide & voftre
Iliade, fi on doute feulement que les
lettres grecques & latines en quelque
multitude qu'elles foient fe puiffent affembler fans compofiteur, fi on dit
qu'elles ont befoin d'vn chaffys qui les
retiennent, & d'vn bon correcteur, a-

pres que les espreuues sont tirees. Que
seroit-ce si quelque importun adjou-
stoit qu'en despit de l'experience qui est
la maistresse des arts, par ce que l'on n'a
iamais veu, & que l'on ne verra iamais,
vostre Epicure authorise vne opinion
incroyable, côme est celle de son hasard.
D. Cependant toy-mesme qui est si religieux adorateur d'vne Sagesse ouurie-
re de tout, n'admets-tu pas la contingence? Et les Philosophes apres auoir
traité de la fatale destinée, & de la necessité ineuitable, n'expliquent-ils pas
ce que c'est que fortune? & que hasard?
Aussi qui pourroit nyer qu'ils ne se rencontrent presque par tout comme tout
retenant du principe qui la fait estre.
Que si tu veux porter la veuë sur ce jardin qui est au dessous de nos fenestres,
pourquoy ces roses qui bordent ces pa-
lissades auec ces Iasmins, sont-elles
plustost icy qu'ailleurs ? Pourquoy le
buys de ces parterres n'a t'il pas esté aussi
tost employé dans Sainct Germain ou
Fontaine-bleau? Et si de ce genre de

chofes où l'art fe mefle, nous paffons à celles qui font de la nature purement, Pourquoy, puis que l'homme & le Soleil engendrent l'homme, l'efpece & non le particulier, vne mere a-t'elle pluftoft vn tel enfant qu'vn autre; Le feu produit vn tel degré de chaleur & non pas vn tel fon femblable? T. Le Soleil & l'homme engendrent l'homme; mais vn tel homme auec vne telle femme, la chaleur celefte comme caufe vniuerfelle & indifferente de foy eftant determinee par le temperamment & l'action particuliere, produit pluftoft Socrate que Platon, & ainfi par proportion il faut iuger des autres effets. D. I'euffe defiré, Theoclee, de n'auoir à defmefler cette querelle que nous auons de la fortune qu'auec Gelafte. Refponds-moy donc, ô trois & quatre fois Gelafte. Pourquoy de tant de voyes de faire fortune & de la perdre, les vns fe conferuent par cela mefme qui les deuroit ruyner, les autres fe ruynent par ce qui les deuroit conferuer: de forte

que ce ne font ny les plus fages qui gou-
uernent plus heureufement, ny les plus
vaillants qui gaignent les combats, ny
les plus beaux & les plus complaifants
qui charment & qui plaifent ? D'ou
vient qu'vn habile homme aura paffé
trente ans à la Cour fans y eftre remarqué qu'à peine parmy les fiens, & qu'vn
eftranger vient du bout du monde qui
le fait valloir & reconnoiftre ? On fçait
ce qui eft arriué à quelqu'vn de nos a-
mis. Pour moy plus ie penfe à l'hiftoire ancienne & moderne, & plus le hafard qui domine dans le monde me fait
eftonner. Combien y remarque-on de
fois que la voix & l'efperance publique,
les graces, la prudence, la valleur def-
tinoient à l'Empire de la terre, tout
autre que celuy que la fortune pour fe
ioüer de toute la fageffe humaine, nou-
riffoit en fecret pour y efleuer ? Que fera-ce fi auec Platon mefme nous reconnoiffons de bonne foy que les diuers
genres de gouuernement foit d'vn feul,
foit du peuple, foit des plus fignalez

perſonnages n'ont eſté eſtablis que ſelon la rencontre & par haſard, ſelon
que les Lieux & les Temps y ont plus
ou moins eſté diſpoſez? C'eſt à quoy il
faudroit reſpondre, & ne pas railler inceſſamment. G. Par Hercule, voicy
vn nouuel Anthee, plus on l'abat, &
plus le courage luy croiſt; mais qu'il ſçache vne fois pour toutes que cette contingence, ou ce cas fortuit, dont on
fait des leçons parmy nos Theologiens
& nos Philoſophes, n'ont lieu ſelon eux
qu'à l'eſgard des cauſes particulieres; à
l'eſgard de la premiere, rien ne peut
arriuer par haſard, pour ce que comme
a dit Theoclee, elle voit l'enchaiſnement de toutes; tandis qu'vne ſeule
nous eſtant inconnuë, nous fait paroiſtre haſardeux vn effet qui ne l'eſt pas.
Quoy que ce ſoit n'eſt produit, dont le
principe ne ſoit neceſſaire ou libre; &
le plus fortuit à des raiſons de ſon eſtre
certaines & determinees, qui le deuancent, qui l'accompagnent, & auſquel-
les on le rapporte ſi-toſt qu'il eſt arriué.

Mais pour ce qu’il arriue aux natures inferieures au de-là de leur intention, comme quand Cephale, par exemple, penſant tirer ſur vne biſche tire ſur Procris, & comme il arriue ſouuent que l’on ſe bleſſe n’ayant deſſein que de ſe joüer : de-là naiſſent les noms de haſard, d’infortune & de mal-heur. Pour te reſpondre donc ſerieuſement, Damis, pour te reſpondre, quoy qu’en noſtre premiere conference il me ſemble que Theoclee t’auoit aſſez inſtruit ſur ce poinct, la nature & l’homme ſont autheurs de ces palliſſades de jaſmins, de ces orangers, & de ces myrthes : naturellement vne terre porte pluſtoſt ces plantes qu’vne autre, & naturellement elles ont en elles le principe de porter ſelon leur eſpece. Ce qu’elles ſont icy & non ailleurs, vient de la volonté de de celuy qui les y a miſes ; il s’y eſt librement determiné, pour ce que ſon vouloir eſt libre. De l’Architecte qui employe le marbre & le porphire il en faut parler de meſme ; ſi ce n’eſt que par galanterie on vueille appeller fortunées les pierres qui seruent aux Palais des Princes , comme vn ancien appelloit heureuses celles qui seruoient aux Temples des Dieux. Ce qui nous trompe, c'est que nous ne voyons rien qu'en gros & non en destail ; Nous ne sommes pas dans les Agens , pour voir les motifs qui les font agir, & nous appellons la fortune au secours de nostre ignorance. Celle de la personne que nous cognoissons a ie ne sçay quoy d'estrange : pourquoy ? par ce que nous n'en voyons pas, ny les empeschemens, ny la naissance ny le progrez. Qui sçait si dans la ieunesse, sa suffisance ne le rendoit pas presomptueux, si sa viuacité & son feu d'esprit ne luy nuisoient point, si sa lumiere estoit tousiours pure & innocente, s'il n'estoit point redoutable à ceux qui auoient l'authorité , pour ce qu'il penetroit trop leurs desseins , & que la generosité & la franchise sont insupportables aux traistres & aux lasches ? Qui sçait s'il auoit le don de dis-

simuler de bonne grace, & si sa vertu
estoit de son siecle, comme il y à des
fruicts hors de saison. Nous sçauons bien
qu'il est deuenu grand comme tout d'vn
coup, mais tout à coup il n'est pas deuenu ny sçauant ny politique, genereux
& homme de bien : seulement l'occasion de se faire connoistre tel par vne
importante action est arriuée, & quand
ceux qui l'esloignoient ont esté eux-
mesmes esloignez, il n'a eu besoin que
d'vne recómendation considerable au-
prés les puissances pour luy en faciliter
l'accez, & passer pour ce qu'il estoit. Il
s'estoit, à bien dire, preparé à la fortune toute sa vie, & quand elle est venuë
le trouuer, il s'est trouué luy-mesme
par sa vertu & sa sçience en estat de la
soustenir. Enfin de tous les effets que
nous voyons, les causes sont naturelles
ou libres ; c'est la Nature ou l'Homme qui en est l'autheur. T. Ce railleur là sçait autre mestier que railler. G.
Pour la fortune des Estats & des Empires il n'y a difference que du plus au

moins à celle des particuliers. Et quand
Platon dit que l'Estat monarchique ou
populaire s'est introduit selon la disposition des Peuples, la situation des pays
& des climats : il en assigne assés les
causes sans recourir au hasard. Qu'il soit
donc banny veritablement du monde,
au moins si vous n'auez de plus fortes
preuues à alleguer que celles que vous
auez alleguées. Car à vous dire le vray
i'attendois de vous quelques obseruations importantes sur vos principes, je
pensois que vous auriez pris le temps
de ranger parfaitement vos matieres,
& que vous n'iriez pas ainsi temerairement nous objecter tantost vne chose,
& tantost vne autre, selon qu'il vous
est venu en l'esprit. Il est vray que c'est
peut-estre la façon de raisonner des E-
picuriens, qu'on ne soupçonne pas fort
d'estre methodiques: Ils ne se donnent
pas grand soin de haranguer, ils agissent comme leurs principes, tres-casuel-
lement.   T.   Il y a grande difference,
Gelaste, entre vne harangue estudiée

& vne conuerſation : s'il y faut apporter de l'art c'eſt afin que l'art ne paroiſſe point ; & que tout ce que l'on y dit,
ſemble naiſtre comme de ſoy-meſme,
ſans contention & ſans effort. Mais ſi
ie ne me trompe, Damis n'en veut pas
demeurer là, il medite ie ne ſçay quoy
de plus grand que tout ce qu'il a dit encore ; Il nous le faut eſcouter.

Sect.
Dernie-
re,repli-
que de
Damis
auec la
conclu-
ſion de
Theoclee

D Il n'y a iamais, ce dit-on, qu'v-
ne vraye raiſon des choſes, toutes les autres n'en font que des ſuites &
des dépendances : le plus habile eſt celuy qui la ſçait trouuer, qui la poſſede,
qui en ioüyt & l'applique heureuſement à tous les ſujets qui ſe preſentent.
Suiuant cette maxime ie pourrois dire,
Theoclee, que toutes les difficultez que
l'on nous oppoſé ne peuuent rien contre nous, pour ce qu'il eſt impoſſible
de connoiſtre le mouuement des atomes ny leurs ouurages, en les compa-
rant aux mouuements & aux ouura-

ges des corps sensibles: à cause qu'on
ne peut parler d'vn nombre infiny comme d'vn finy. Par cette infinité nous
n'entendons pas vne simple exclusion,
& affranchissement de tous limites, ou
vne negation, comme disent les vulgaires Philosophes: mais vne reelle &
veritable multitude qui va au de là de
quelque quantité que l'on puisse se figurer. T. Epicure, par là, peut conuaincre ceux qui disent qu'attribuant
l'immensité & l'infinité au premier Estre, nous employons des termes qui ne
disent pas ce qu'il est, mais ce qu'il n'est
pas. D. Theoclée tire son auantage
de tout, & neantmoins ce que i'ay dit
pourroit satisfaire peut-estre à de plus
grandes difficultez que celles qui m'ont
esté proposées. Car en effet toutes les
raisons qu'on allegue contre nostre hasard sont prises de choses finies & d'experiences sensibles; & c'est, comme disent des Logiciens, passer d'vn genre à
l'autre, que de vouloir argumenter de
ce qui est finy à ce qui ne l'est pas. Et

puis quoy que l'on puisse dire , il faut
tousiours , & necessairement recourir à de premiers principes qui n'ayent
rien au dessus d'eux ; Il faut que quelque chose demeure tousiours solide, &
immuable à la dissolution mesme des
composez , & laquelle ne se changeant
point de ce qu'elle est en ce qui n'est
point, ne s'est aussi point changee de ce
qui n'estoit point en ce qui est. Ie sçay
que vous m'obiecterez qu'il est mal-aisé de conceuoir comment des corps solides qui ne sont ny chauds ny froids,
qui frappants & frappez ne peuuent faire qu'vn son, ayent suffi d'abord & suffisent encore à tant de generations;
Mais quand il vous plaira de vous souuenir que l'Estre, selon vostre Aristote,
se fait du non Estre en toutes les productions naturelles, que les metaux se
forment d'vne terre qui n'est point metal, le viuant du mort, ainsi que disoit
Socrate, & des quatre premiers corps
simples tous les corps mixtes ; Vous
pourrez adjouster plus de foy à nostre

Philosophie que vous ne faites, & ne
la pas condamner vne autrefois sans
l'oüyr. Et à dire vray, combien de fois
auons-nous veu que du meslange de
certaines choses, s'en font d'autres qui
en paroissent fort esloignees ? du feu se
fait le pain qui ne ressemble ny au feu
ny à l'eau, ny au froment : Pourquoy
donc trouuer estrange, que de l'assemblage, & entre-laslement des Atomes
sortent des corps auec des qualitez que
les Atomes n'ont pas ? Enfin, quoy
que Theoclée ait fait venir l'Eloquen-
ce au secours de sa Theologie, quoy que
son langage, comme quelqu'vn a dit
de Platon (qui s'est le premier seruy du
mot de Prouidence dans ses discours)
ayt coulé agreablement entre la Poë-
sie & la Prose, quoy qu'il ayt parti-
cipé de la douce abondance de l'vne,
& de la haulte splendeur de l'autre,
quoy qu'il ayt souuent parlé comme
inspiré du Ciel, & que de luy on puisse dire,

La Sybille elle-mesme, alors qu'elle est esprise
Des sçauantes fureurs du Dieu qui la maistrise,
Aux Peuples astonnez, ne declare pas mieux
La fortune du Monde, & le secret des Cieux.

T. C'estoit donc sur ces beaux vers que vous meditiez si profondement tout à l'heure. D. Apres toutes ces loüanges, car il est genereux de loüer ses ennemis, si on disoit qu'il n'y a qu'vn Monde, & qu'ayant vne fois commencé par hasard il ne finira iamais, on éuiteroit ce qui semble si absurde, que des Mondes inombrables se fassent & se deffacent infinies fois hazardeusement. Car en effect soit que nos Mondes soient quarrés, ou soit qu'il y en ait de triangulaires, & que tous ne soient pas Spheriques comme celuy-cy, i'ay toussiours moy-mesme trouué estrange, supposé qu'ils soient dignes de leur nom, & qu'effectiuement ce soient des Mondes parfaits en leur genre, que le hazard, ou la necessité de la Matiere rencontre tant

de

de foi à les bien & harmonieufement
compofer, & ne voy point comme vous
difiez ce que pourroit faire de mieux, la
fageffe la plus acheuée. G. Principallement fi tout ce qu'on y appelle defaut y tient lieu de neceffaire perfection
comme vous pourrez voir dans les pro-
blemes de Lyfis. T. Si l'on difoit qu'il
n'y euft qu'vn Monde, ce ne feroit plus
raifonner auec Epicure, & quant il n'y
auroit qu'vn Ciel & qu'vne Terre. D.
Quant il n'y auroit qu'vn Ciel & qu'vne
terre le coup de hazard ne feroit pas fi
merueilleux, ny fi incroyable. T. Cela
ne feruiroit de rien pour vous, car dans
le Monde où nous fommes il y a des
Mondes prefque infinis. C'eft à dire
des touts diftincts & feparez les vns
des autres, & toutefois vnis enfemble pour l'accompliffement du grand
tout, dont ils font comme les parties. Enquoy il y à deux importantes veritez qui font à confiderer ;

La premiere, que chaque mineral, chaque fleur; chaque animal eſt parfait en ſon eſpece, & comme ils ſont inombrables, il y auroit eu d'abord d'inombrables rencontres heureux de la matiere ; La ſeconde, c'eſt que la plus grande perfection de ces touts qui font parties de l'Vniuers, ſe deuant prendre du rapport qu'ils ont à la beauté du grand œuure, dont ils ſont les pieces, chaque choſe n'eſtant pas pour ſoy, mais pour la machine entiere, il eſt inconçeuable que chaque nature particuliere qui ne cherche auſſi que ſon particulier auantage, ait eſté rapportée à ce bien & à cét ordre general qu'elle ne cōnoiſt pas, ſi ce n'eſt par vne cauſe intelligente & vniuerſelle. G. Vous auiez deſia touché cette raiſon l'autre iour, mais combien ie préuoy de belles choſes que vous y allez adiouſter. T. Ces Globes & ces Aſtrolables qui ſont les plus beaux du monde, & qui auec vos tableaux & vos cartes parent tant voſtre cabinet, parlent pour moy en cette diſpute. Ne

vous fouuenezvouspasque dernieremét
rauy auffi bien que nous de l'arrangement des Eftoilles, & de la regularité
des mouuements du Ciel, quand noftre
jeune Ptolomée en cette belle & ferai-
ne nuict, qui deuançoit le jour des ma-
gnificences royalles, nous faifoit remarquer la grande & la petite ourfe,a-
uec les autres feux celeftes qui mon-
toient fur l'horifon, & redoubloient les
lumieres allumees dans tout Paris pour
efclairer la victoire de noftre Monarque? Vous fouuenez-vous, di-je, qu'a-
lors vous fuftes contraint d'auoüer, fu-
pofé qu'vne fupreme Sageffe euft fait les
Cieux, & qu'il euft dependu de fa volonté de ne produire que fept Planettes
de la grandeur de celles que nous voyons, comme en effet ie ne voy pas de
raifon pourquoy il n'y en a pas dauantage, & voftre neceffité de matiere ne
me contente gueres fur ce point, qu'elle ne les pouuoit mieux placer, mieux
reigler leurs apogees & leurs perigees,

ny leur marquer des routes plus certaines, & plus lumineuſes ? N'auoüa-
ſtes-vous pas, ſi vous voulez dire
vray, que l'on ne peut ſeulement
conceuoir plus d'harmonie, & de
proportion qu'on en veoit entre les
mouuements viſtes & tardifs de ces
feux errants ? Qu'il eſt beau de voir,
diſiez-vous, que pas vn ne recul-
le, & ne s'auance, ne ſe haſte, &
ne retarde, qu'il ne ſoit touſiours
en cadence, n'acheue ſa figure, &
ne garde auec les autres la iuſte diſtance qu'il doit garder pour l'entiere beauté du bal ! Quel eſprit pourroit mieux inſtruire cette conſtella-
tion qu'on appelle les Pleïades à ſe
coucher en certain temps, pour monſtrer aux Pilotes quand la Mer eſt libre, ou fermée ; aux Laboureurs quand
il faut ſemer,

Et le feu le plus beau de tous les feux celestes
Qui du iour perißant vient recueïllir les restes,
Annonceroit-il mieux les ombres de la nuit
Ou le proche retour du Soleil qui les suit,
Si quelque main sçauante auoit reiglé sa course?

Enfin le Soleil estant vniqué, afin de fortifier voßtre raisonnement du mien, peut-il estre employé à plus d'vsages & plus à propos ? La lumiere, dont les Platoniciens sont encore en doute, si c'est vn esprit ou vn vn corps, en vn instant se veroit-elle mieux aux deux extremitez de la Terre ; au mesme temps se dispenseroit-elle auec plus d'œconomie selon la difference & la necessité des climats ? D'ailleurs, qui pourroit d'vne plus forte chaisne d'aymant auoir si merueilleusemét estreintle Ciel auec la terre, que depuis tant de siecles nulle violence

ne l'a peu rompre, qui auroit tellement
proportionné les influences d'en-haut à
la nature inferieure, qu'il ne se fait point
de generation ou Saturne par sa froideur & sa secheresse, ne retienne & ne
resserre la semence qui s'escouleroit
sans luy, ou Iupiter ne donne par sa
chaleur benigne & moderée le necessaire accroissement, Mars la fermeté &
la vigueur, Venus les graces & la beauté, Mercure la viuacité, & la Lune par
son humidité temperée du Soleil qui
l'a regarde sans cesse, la facilité aux enfans de venir au iour : Ie ne m'estend
pas sur cet Astre qui est le Roy des autres, pour ce qu'il est sensible à tous que
le cercle des generations d'icy bas s'accomplit selon le tour qu'il fait au Zodiaque, que selon qu'il monte ou qu'il
descend ; qu'il s'abaisse ou qu'il s'esleue,
la face de la terre est changee ; chacun
sçait que comme le Maistre des Planettes il est placé si iustement au milieu du
Ciel que trois le deuançent, & trois le
suiuent tousiours. Qu'il regne dans sa

quatriefme Sphere, & ne l'a quittè iamais , afin

Que ſes cheuaux aiſlés de leurs chaudes haleines,
Ondoyantes de feu temperent en paſſant
La froideur de Saturne, & l'humeur du Croiſſant.

D. Ie ſçay de qui ſont ces derniers
vers. T. Les autres ſont d'vn Aſtrono-
me moderne , dont la Sphere en vers
n'eſt pas encore imprimee. G. Que
tout ce qu'à dit Theoclee eſt bien remarqué , Que ces raiſons ont de graces & de lumiere ! T. Que s'il vous plaiſt
de me donner audiance , & me per-
mettre de repliquer à ce que vous croyez de plus fort & de plus preſſant. Ce
que vous auez voulu authoriſer par Socrate & par Ariſtote en ce qui touche
la generation des corps, ne fait pas grande impreſſion ſur vn eſprit qui ne s'ar-
reſte pas à l'eſcorce, & qui veut penetrer iuſques au fonds. Il eſt bien vray
que les mixtes ſe forment des natures
ſimples , & que du non Eſtre ſe fait

l'Estre. Mais pour en venir là on sçait
qu'auec les elemens concourrent à la generation les principes de chaque chose,
les qualitez premieres & les secondes, ce
qui est capable d'agir, & ce qui en peut
souffrir l'action. De ce qui n'estoit pas
animal, l'animal se fait, Aristote l'aduoüe, mais voyez comment. La forme
qui donne l'Estre est introduite par des
dispositions precedentes en la matiere,
& quand elle y est vne fois receuë, elle
l'orne & l'embellit encore, comme estant son essentielle perfection, produit
par émanation les qualitez qui luy sont
propres, ces vertus specifiques d'où naissent les antypathies & sympathies, ces
proprietez admirables, & cachées, par
qui l'aimant attire le fer, & se font cent
autres merueilles en la Nature. Ce qui
encore ne se fait point sans l'influence
du premier moteur, la cause premiere
agissant tousiours plus que la seconde
en quelque rencontre que ce soit. C'est
cette diuine cause, laquelle comme elle a rendu la faculté seminalle capable
d'vn

d'vn ordre qu'elle ne connoiſt point, a-
lors meſme qu'elle le produit, aſſiſte l'a-
me en ſes fonctions, & empeſche qu'elle ne ſe trouble au choix de tant d'organes qu'elle employe, ſoit à mouuoir
le corps ſoit à le nourir.   Ainſi ſelon les
principesde ce Philoſophe,les œuuresde
la nature ſont les œuures d'vne intelligence qui ne peut errer. Ceux qui n'admettent que la neceſſité de la matiere
& vn rencontre fortuit parlent vn peu
moins clairement de ces beaux effects.
Et pour ce que vous alleguez de la vertu des meſlanges qui rendent les choſes
autres qu'elles n'eſtoient, comme il arriue en la compoſition des parfums ; Il
me ſemble premierement que c'eſt l'induſtrie & non le haſard qui fait ce genre de mixtions. Secondement, chaque
huyle de ſenteur, chaque eſſence, chaque peau de jaſmin a ſeparement des
qualitez qui luy ſont propres & naturelles. Tout ce que l'on fait en les meſlant, c'eſt de les temperer induſtrieuſement l'vne par l'autre. On peut s'eſ-

A a.

leuer là-deſſus, & dire que le meſlange
admirable des elemens dans les mixtes,
eſt ce qui a conuaincu tous les ſçauans
qu'vne ſupreſme ſageſſe les auoit ainſi
meſlez, & que iamais ſans elle ces ennemis n'auroient pû conuenir enſemble
pour l'eſtabliſſement de l'Vniuers. Car
s'il eſtoit infiny, comme vous dites, ils
s'eſloigneroient infiniment les vns des
autres, ou de la plus grande diſtance
qu'ils pourroient : s'il eſt finy, chacun
feroit bande à part pour fuïr ſon contraire, ou agiroit de toutes ſes forces
pour le deſtruire : Et partant ſans cette
ſouueraine intelligence qui les a mode-
rez en les meſlant ils ne ſubſiſteroient
iamais enſemble, & trauaillant de tous
coſtez & de toutes leurs forces à ſe deſtruire, ils ne ſe maintiendroient pas
par cela meſme qui les deuroit ruiner.
G. Il faut acheuer de couper les teſtes
de l'Hidre ; vous auez deſia le fer en
main, s'il ne faut que du feu pour les
empeſcher de renaiſtre, j'en iray bien-
toſt querir. T. Gelaſte, ie ne vous en-

tend point. G. Et quoy vous ne vous
fouuenez pas que Damis a prétendu
éluder toutes nos raifons par vne feule,
qui eft, difoit-il, qu'on ne peut conuaincre d'erreur les principes de la Philofophie d'Epicure, pour ce que tout
ce que l'on allegue contre elle eft tiré
des chofes finies & bornees, qui ne
prouue rien contre leur infinité. T. Il
eft vray que nos fens, comme ils font
finis & bornez ne jugent que de ce qui
leur reffemble ; de ce qui s'offre à eux,
de ce qui les touche, ny le vuide ny l'infiny ne les touche point : Remettez-
vous fur les voyes, Damis, affurement
que vous auez pris le change. G. Vous
me donnez des armes pour le vaincre.
laiffez-moy, fage Theoclee, vn peu
combattre auec luy. T. Pouffez. G.
De graces, refpondez vn peu. La premiere reigle de la Philofophie d'Epicure n'eft-ce pas que nos fentimens font
les vrays Iuges de la verité ? D. Oüy
Gelafte. G. Faut-il pas raifonner des
chofes intelligibles par l'analogie qu'el-

les ont auec les fenfibles. D. Sans doute. G. Il faut, dit voftre Maiftre, difputer de la nature par l'éuidence de ce qui
paroift, pluftoft que par des loix inte-
reffees, & des decrets pleins de vanité.
D. C'eft là le fort de l'ame quand elle
la gaigné vne fois, on la proclame vi-
ctorieufe. G. Pourquoy donc pour nous
abattre tous deux, & nous arracher
nos armes d'vn feul coup, dites-vous
qu'on ne peut refpondre d'vn efpace infiny comme d'vn finy? fi cela eft, que
deuient cette belle analogie du fenfible
auec l'intelligible & cette fouueraine
jurifdiction de nos fens? Pour moy ie
ne fçay pas côme font les voftres, mais
les miens ne font point affez perçeants
pour defcouurir ces atomes, ny leurs figures, leurs combinaifons, ny leurs mef-
langes. Et fi l'on doit iuger par ce qui
eft fenfible, de ce qui ne l'eft pas, comment pui-je voir que tout ce qui fe fait
bien fe fait auec art iufqu'à faire tourner vne piroüete, & croire neantmoins
que par des coups aueugles & impre-

ueus tous les corps ont esté poussez en l'assiete ou nous le voyons. T. Ce que l'on dit qu'il ne faut pas iuger de l'infiny par le finy, est bien dit par ceux qui reuerent vne nature diuine, vn estre independant, eternel, infiny de sagesse, de bonté & de puissance. Tout ce que l'on publie de la creation & des autres merueilles incomprehensibles à la vulgaire Philosophie est autorisé par là, & quand on a vne fois prouué la necessité d'vne telle cause, ou plustost qu'il n'y a que cét Estre diuin de necessaire, comme il paroist par les raisons que nous auons desia touchees, il ne faut plus que se rendre & l'adorer. Mais qu'à de pareil l'infinité du vuide & des atomes, dont le premier n'est rien, & les autres selon vous, ne sont infinis qu'en nombre, ainsi que des grains de sable & de poussiere? Multipliez tant qu'il vous plaira la multitude de vos parcelles rondes & quarrees, chacune d'elle a sa nature particuliere, l'atome est vn petit corps. G. Si petit qu'il est impercep-

rible, T. se mouuant soy-mesme & pas
plus. On demande si leur nombre n'est
pas borné en vn arbre, en vn rocher,
en vn oyseau: on s'estonne comme n'e-
stant ny chauds ny humides, despour-
ueus de sçauoir & de connoissance, ils
s'assemblent si sagement qu'ils font des
Mondes inombrables & des productions inimitables aux premiers artisans du monde; repartir qu'ils sont infinis en nombre, ce n'est point resoudre
la question. Et supposé mesme, ainsi
qu'il me semble auoir dit tantost, qu'ils
puissent seruir de matiere en la compo-
sition d'ouurages si differends & si
beaux, il faut tousiours qu'vne intelligence les conduise, laquelle soit en eux
ou en vne cause superieure; principallement en la premiere disposition des
choses où vous ne pouuez pas dire que
la nature suiuit l'ordre desia estably par
hasard. Et partant au lieu de faire autant de Dieux que d'Atomes, & attribuer l'eternité & l'independance qui
sont de tres-absoluës perfections à des

parcelles tres-imparfaites qui n'ont ny pensee ny iugement, Adorons auec vne humilité profonde la sapience eternelle à qui nous deuons rapporter comme les ruisseaux à leur source, & les rayons au soleil, toutes les raisons qu'elle nous a inspirees pour sa gloire & celle du monde, qui n'en peut auoir vne plus grande que d'estre l'ouurage de ses mains. On demeurera tousiours d'accord d'vne verité si bien establie, si l'on ne regarde point toutes choses d'vn œil stupide & brutal. Les animaux dont l'ame est noyee dans la matiere, & qui ne se peuuent esleuer au dessus des sens, sans faire aucun rapport des lineaments & des traits, de la proportion des parties, du coloris, des jours & des ombres, ne voyent rien dans les tableaux les plus acheuez que ce qui est representé, & ne remarquent ny l'art du Peintre ny sa maniere. Il en est ainsi de ceux dont les mesmes objets bornent l'intelligence & la veuë; ils ne vont point au de-là du monde sensible, & des corps diuers qui le compofent chercher la fageffe qui les a rangez. Mais tandis qu'ils demeurent enfeuelis dans la chair & le fang, les grands & les beaux genyes en qui la raifon n'eft point comme elle eft chez le vulgaire, vne loy qu'on ne fuit iamais, recognoiffent & reuerent vne fapience incomprehenfible, qui bien haut efleuee au deffus des Cieux, fur vn throfne immuable & dans vn eternel repos fait mouuoir l'vn & l'autre monde fans fe mouuoir. Elle a à fes coftez l'infaillible Adraftie qui regle les ames & les corps, les intelligences & la nature : à fes pieds elle à la neceffité, laquelle pouffant de fon genouïl des globes d'or & d'azur d'où fort le rejailliffement d'vne lumiere plus pure & plus efclattante que l'Iris, la fait feruir d'immortelle femence à toutes chofes, de lyen precieux & indiffoluble aux extremitez des deux mondes. d'ame vifible & perpetuelle à l'Vniuers, Selon que cette neceffité indifpenfable fait tourner fon fufeau de diamant, el-

le

le donne le bräſle aux Planetes, dont les
cercles enchaſſez les vns dans les autres,
& portez de mouuements contraires, ne
laiſſent pas de continuer vne harmonie
qui a pour juges les eſprits, & non les
oreilles, & que la violence du temps &
la ſuite de tous les aages, n'a pû iamais»
interrompre. Combien de reuolutions
de Nature, de Monarchies & d'Empires
commencent, & s'acheuent auec la
courſe de ces feux celeſtes! combien
grande eſt la puiſſance qui les conduit!
combien inuiolables les ordres, & in-
fatigables les ſoins de ces trois Vierges
couronnees, qui par ſa volonté dónent
le commencement, le progrez, & la fin
à tout ce qui vit & qui reſpire; & qui
ne ſont pas filles de l'Enfer & dela nuit,
commela Theologie prophane les à nó-
mees, mais Miniſtres éternelles de la prouidence! Elles banniſſent de ſon Empire toute temerité & tout aueuglement
de fortune, & laiſſent à Nemeſis qui
preſide aux iuſtes vengeances le chaſti-
ment de ces eſprits foibles & preſomp-
B b

tueux qui ridiculement s'imaginent establir leur faux raiſonnement au preiu-
dice de la ſageſſe eternelle. Bien loin de
la modeſtie des ſages, qui ſçachant bien
que Dieu ne ſeroit pas ce qu'il eſt s'il ne
pouuoit rien faire que l'homme ne fut
capable de comprendre, luy rendent d'immortelles actions de graces de ce qu'ils
ſçauent, & auec ſoubmiſſion & reſpect
attendent de ſa bonté la reuelation des
ſecrets qu'ils ne ſçauent pas.   D. Ie ne
croy pas que tout le Platoniſme enſemble ait parlé plus diuinement que Theoclee : Dieu, que d'Oracles & de Myſteres ! T. On en pourroit bien dire dauantage ; mais il faut craindre les oreilles de ceux qui ne ſont pas initiez, &
de peur que les ſainctes veritez ne ſoient
offencees par des regards impurs & temeraires ; c'eſt, pour ainſi dire, en les ca-
chant qu'on les doit monſtrer. G. Quand
cét Epicurien aura les yeux purifiez on
luy en fera voir dauantage. D. Ie ſçay
que la foy du ſilence eſt deuë à tous les
myſteres ; T. Et que la ſuproſiné ſageſ-

se consomme de la Maiesté de sa gloire
ce qui la veut trop approcher. Elle est
tout ce qui est, qui fut & qui sera, le
principe & la fin de toutes choses, &
dans vne lumiere inaccessible où iamais
homme ne l'a veuë & ne la peut voir.
Vierge & Mere, tousiours ancienne &
tousiours ieune, comme disent les vers
des Syriens, dans vn eternel silence &
vn immuable repos, au dessus du Ciel,
des Cieux, bien loin de la corruption
des corps & du meslange de la matiere,
Elle est tout, en tout, ou plustost tout est
en elle, & rien ny dans l'Empirée ny dans
le centre des abysmes, n'eschappe à sa
connoissance & à son pouuoir. Elle
confond la sagesse des sages du monde,
destruit la prudence de ses prudents, &
par le moindre de ses ouurages, pour ne
rien dire des autres plus grands, condamne d'ignorance & de folie tous ces
esprits sacrileges qui presument de l'e-
xaminer. D. Il est vray qu'apres auoir
veu toute la Philosophie interdite sur la
maniere dont se forme vn limaçon, &

vne chenille; le fenfible du non fenfible, le viuant du mort; quand ie penfe qu'elle ne fçait deffinir comment tant
de chofes peuuent eftre enfemble dans
noftre memoire fans s'y mefler & s'y
confondre, ny par quel art noftre volonté en vn inftant les fepare les vnes
des autres felon qu'il nous plaift; quand
ie confidere qu'Ariftote, Platon ny le
grand Epicure n'ont rien veu en ce qui
eft des objets de noftre veuë, de ces
images ou de ces petits corps qui font à
nos yeux le rapport des fuiets qui les enuoyent, fans eftre diffipez ny par l'agitation des vents, ny confondus par le flux
perpetuel de leurs femblables, & ainfi
de mille autres effets naturels, Ie ne puis
eftre affez hardy pour me refoudre def-
finitiuement de tout, ainfi que font nos
Dogmatiftes. T. Que fera-ce fi nous
remarquons comme on a fait par les
voyages de longs cours, que les plus
belles des Ifles & les parties du Monde
les plus delicieufes, les plus riches, les
plus habitees font foubs cette Zone tor-

ride que les anciens critiques de la Nature ont reprochees à son auteur comme vne partie deserte & inhabitable? Il
y a ainsi vne infinité de vieilles erreurs
reconnuës sur lesquelles on auoit fondé le pretendu desordre du Monde,
Mais nous n'auons maintenant ny la
volonté ny le loisir de les remarquer.

G. REnds-toy Damis, rends-toy, tu en as assez. D. Il n'est point honteux, ce me semble, de ceder à la verité & à la raison. T. Vne autrefois donc au lieu de nous remplir l'esprit du vüide d'Epicure & de ses atomes, dont les approches & les recullemens comme en des figures de balet ne sont que des momeries, remplissons-nous l'ame & le cœur de respect pour la sagesse eternelle dont la plus parfaite conduite des sages n'est qu'vne foible imitation. Comme il n'y a que les foibles qui laissent surpren-dre leur admiration par des monstres & par des prodiges, pource qu'ils sont plus

Sect. VIII. Ou apres auoir repris ceux qui déferent trop aux Philosophes payens, est traité par occasion de la façon de philoso-pher d'Epicure.

rares que les animaux parfaits, si ce n'e-
ftoit que la nouueauté plaift, & qu'il y
a des hommes fuperbes qui ayment
mieux errer par des routes deftournées
que de fuiure la voye royalle, iamais
ces chimeres des corps infinis, de mondes inombrables, de vuide, de mouuemens aueugles & inopinez, de hafard &
de fortune, n'auroient pû trouuer de
creance. Pour moy rien ne me rauit
dauanrage dans les efcrits de nos Philofophes Chreftiens, aufquels auec ju-
fte raifon l'Eglife donne le nom de Peres, puis qu'ils donnent la vraye nourriture aux ames, que le procez qu'ils
font à ces vieux refveurs, dont les vi-
fions ont remply toute la Grece, & par
elle tout l'Vniuers. Qu'il me plaift de
voir ces grands genyes à qui l'authorité d'vn homme ne tient point lieu de
raifon appeller en iugement les Empedocles, les Pithagores, les Xenons, &
fi vous voulez encore les Zoroaftres, &
les conuaincre tantoft d'erreur & d'i-

gnorance , tantoſt de vice & d'impieté ! Tout au contraire, combien auec
les eſprits veritablement forts trouuay-
je ridiculles & foibles ces petites a-
mes touſiours pleines d'admiration
pour vne ſecte ou pour l'autre, & qui
jurent ſur les paroles de leurs autheurs ! Quand ie voy les belles choſes qu'ils font dire à ceux qui n'y pen-
ſerent iamais; quand il n'y a rien de
ſi obſcur , où ils ne veuillent trouuer
de la lumiere , & ſi les interpreta-
tions leurs manquent , quand ils ſe
battent pour les opinions d'vn Grec
ou d'vn Indien auec plus de chaleur
qu'ils ne feroient pour leur pays , &
pour les Autels; ie voudrois bien ſçauoir comment on peut s'empeſcher
de rire (ſi ce n'eſt qu'il eſt quelquefois
plus chreſtien que la compaſſion tien-
ne la place de la raillerie) de voir des
gens qui s'appellent hautement Philoſophes courir toute leur vie apres les
viſions des anciens, & cóme ſi c'eſtoient

des Dieux, & non pas des hommes, o-
bliger leurs diſciples de forcer leur eſprit & la Nature meſme, pluſtoſt que
de manquer de diſtinctions accommo-
dées à tous leurs paſſages quelques con-
tradictoires qu'ils ſoient. G. Voyons
vn peu ie vous prie comme voſtre Lucrece François aura parlé d'Epicure.
D. Liſez,

G. La ſuperſtition maiſtreſſe de la Terre
Au murmure du Ciel, à l'eſclat d'vn Tonnerre,
Repreſentoit par tout aux yeux eſpouuantez
Des Demons en furie, & des Dieux irritez,
De ces vaines terreurs la raiſon alarmée
Soubz des liens honteux languiſſoit opprimée,
Quand vn Grec le premier hautement ſe reſout
D'ouurir noſtre Priſon, & de deliurer tout,
Il perce bien plus loing que ne fait la lumiere,
Il rompt de la Nature ou franchit la barriere
Par ſes propres dangers reueille ſon grand cœur,
Comme vn nouuel Alcide il en reſte vainqueur;
Et reuenant à nous plein d'honneur & de gloire,
Nous fait cueïllir en paix les fruits de ſa victoire.

Vn homme n'a-t'il point eu de honte
de parler ainſi d'vn autre homme? (i'entend le vieux Lucrece & non pas noſtre
admirable Liſis, dont le deſſein n'a eſté
que de nous donner de beaux Vers.)
Quand ces Natures diuines & bien-heu-
reuſes qu'Epicure condemne à vne eternelle oyſiueté, ſeroient par quelques
diſpenſe deſcenduës en terre pour inſtruire le Genre humain, en pourroit-
il autrement parler? Th. C'eſt vn eſpece
de prodige que non plus dans les tenebres de l'Idolatrie, mais dans la lumiere de l'Euangile, certains eſprits qui
ſont ſi retenus à croire les Oracles diuins & les ſentimens de Vertu & de Pieté que la ſageſſe & la bonté du Ciel im-
priment en toutes les ames, s'empor-
tent ſi aiſément à ſuiure les caprices
d'vn miſerable Grec qui deſfie les veritez les mieux eſtablies, pource qu'il
s'appelle Philoſophe, & qu'il dit des
choſes nouuelles. G. Incroyables meſmes & ridicules, nous ſçaurons de qui

vous voulez parler : Mais ſçauez-vous
ce qui me vient en penſee. D. Nous le
ſçaurons quand il vous plaira. G. C'eſt
que faiſant reflexion ſur tant de belles
raiſons que Damis a alleguees pour ju-
ſtifier les Principes de ſon Epicure, &
ſur des liures entiers que i'ay leus ces
iours paſſez dans Ciceron & dans Plutarque pour & contre ſes opinions ; Ie
croy que ſi ce Philoſophe reuenoit au
monde, luy qui eſtoit, comme ie croy,
fort bon homme, mais qui eſtoit vn peu
railleur ; il n'auroit pû s'empeſcher de
rire voyant la peine qu'on a priſe à le
defendre & à le refuter. Mais s'il eſtoit
auſſi-bien icy que ſa peinture que ie voy
là auec tāt d'illuſtres Sçauans, & qu'il lui
priſt phantaiſie de railler de nous ; malgré la ſobrieté qu'il a tant preſchee, Ie
ne pourrois me tenir de luy dire, que
dans ces jardins delicieux beuuant au
frais des fontaines auec Metrodore &
Meneçee, ſa phantaiſie broüillee par le
vin Grec, auroit meſlé toutes ces Images de terres, de mers, de cieux inom-

brables : qu'après auoir inuenté cette
fabuleuse Phisique , il s'en seroit moc-
qué le premier, qui l'auroit regardee à
son resueil comme vn songe : Et que
long-temps apres voyant que les Atheniens , eternels amateurs de nouueautez, estoient si foibles que de le croire,
il auroit meslé sa Morale de vertu & de
volupté, afin que chacun y trouua son
compte , où que ne pouuant demesler
ses voyes, la posterité y prit le change,
comme il arriue encore auiourd'huy.
D. Veistes-vous iamais vn Visionnaire
plus acheué que Gelaste ? Mais qu'il s'i-
magine ce qu'il luy plaira , si faut-il a-
uoüer, qui est tout ce que i'ay pretendu par les discours que i'ay faits , que les
phantaisies d'Epicure sont ingenieuses,
& que leur suitte ne se dément point.
Car celuy qui n'admet point de prouidence & se rit de la destinee, admet necessairement le hazard ; qui reçoit le hazard, doit receuoir l'infiny des corps &
du vuide, où il ne se trouue point de premier ny de dernier , & par consequent

point d'ordre, qui, comme Theoclée a si
bien prouué, est le veritable effet de la
Prouidence. T. Ie suis de l'aduis de ce
grand homme que Lisis appelle le Philosophe de la Cour; Il croit que vostre Epicure ne proposa la doctrine
de ses atomes que comme vn jeu de son
esprit, & qu'il se mocquoit le premier
de son hazard. En effet, qu'estoit-ce autre chose de ne vouloir pas que le Sage
se mesle des affaires publiques, qu'vne
tacite defense de se commettre à la fortune? D. I'ay medité souuent toutes
ces choses, & puis que vous m'en demandez mon aduis hors de la chaleur
de la dispute (laquelle n'a pas esté inutile, puis qu'elle vous a fait faire de si hautes & de si merueilleuses reflexions)
maintenant que nous conferons paisi-
blement ensemble, & que fort esloignez
des Sophistes chacun de nous cherche
la verité & non la victoire : voicy mes
conjectures sur la façon de raisonner de
ce grand homme. Voyant tant de vaines imaginations de ceux qui se van-

toient d'estre sages, tant de superstition & d'idolatrie dans le monde, de fourbes & de faussetez dans les oracles de son païs, tant d'innondations, d'embrasemens, de guerres, de pestes & de famines: là-dessus ne sçachant à quoy se rosoudre, & ne pouuant pas d'ailleurs effacer l'impression de la diuinité qui va jusques au fonds de l'ame : Car comme il escrit à Menecée, *premierement il est asseuré qu'il y a vn Dieu*, il se l'est imaginé sans Prouidence, & a creu que le monde pouuoit estre fait de la façon que ie vous ay expliquée, tout aussi-bien que d'vne autre. Ce n'est pas pourtant que selon luy le Sage determine rien sur des sujets si difficiles & si esloignez de nos sens qui sont la reigle de nos connoissances. Car quelle insolence, disoit-il, de presumer que les choses ne se puissent faire que d'vne façon, & que la nature vniuerselle n'ait pas plus d'estenduë que nos pensees? Comme si, par exemple, l'eclypse de la Lune ne pouuoit pas esgalement arriuer, par l'espaisseur des

nuës qui fe mettent à l'impourueu deuant elle , ou par l'extinction de fa lumiere ; que par l'oppofition de la terre?
Le iour & la nuict par l'accez & le dé-
part des parcelles lumineufes ; que par le
leuer & le coucher du Soleil ? le flus & le
reflus de l'Occean , par fon mouuement
propre & naturel , que par l'influence
de la Lune ? les vents par vne agitation
de l'air , que par les exhalaifons de la terre ? Il y a mille autres queftions dont on
difpute tous les iours , & qui font plus
curieufes que neceffaires. Si le Globe
terreftre tourne tandis que le celefte fe
repofe : Si les Planettes ont des defferens , ou s'ils fe meuuent comme les oy-
feaux dans l'air : Si les Eftoiles font
cloüees au firmament ; ou fi leur mouuement eft comme infenfible : Si le Ciel eft
d'vne cinquiéme effence , ou non ; s'il fe
muft de lui-mefme ; ou fi quelque intelligence le fait mouuoir : S'il y a vn Feu elementaire ; ou fi le Soleil eft le premier
feu du monde. T. C'eft à dire qu'en
tout cela il n'y a nulle neceffité de na-

ture : Car qu'apellez-vous contingent,
sinon ce qui peut estre ou n'estre pas ?
D. Parmy tant d'opinions differentes
dont toute la terre est remplie, & dont
pour reconnoistre la meilleure on auroit besoin de quelque Dieu ; ce que
peut la Sagesse humaine, c'est d'inuen-
ter heureusement, de bien poser ses principes, & voir ce qui en doit suiure necessairement. De la façon se forme vn
corps de Doctrine dont chaque partie
se donne vn secours mutuel, & dont
tous les articles, comme enfans de mesme pere, conspirent vnanimenr à la
gloire de leur Inuenteur. Ainsi quiconque n'admet point de prouidence, par
qui toutes choses sont ordonnees, doit
admettre le hazard ; & qui admet le hazard, doit s'admettre l'infiny, où il ne se
trouue point de premier ny de dernier,
& par consequent point d'ordre. Enfin
il n'est rien tel que de se faire ses opinions, & de se former l'ame à quelque
chose de grand & de releué : car pourueu que l'on arriue au port, & que l'on

possede son esprit tranquillement ; pourueu que nous jouïssions de la douceur de
la vie destachez de toute violente passion; que nous importe du vent qui nous
a mis dans le port ? Th. Oüy, il importe,
Damis, il importe. Car outre que la folie
donne aux vns le mesme plaisir que la
sagesse fait aux autres : vous sçauez qu'il
y a quelque difference entre l'honneste
repos du Philosophe, la paresse, & la stupidité du Vulgaire : & que le vice & le
crime ont leurs fausses joyes. I'aduoüe
bien toutesfois auec Epicure ; que c'est
vne vanité insupportable de vouloir determiner sans exception de tout ce qui
est possible , & de tout ce qui ne l'est
pas : puis qu'vn effet peut partir de plusieurs causes , qu'vne cause peut produire plusieurs effets ; & que comme
nous auons déja fait voir, il n'y a rien
que le premier estre qui soit absoluë-
ment necessaire au monde. Tous les autres sont contingents. C'est ce qu'on
peut aisément conclurre des differentes
opiniõs que vous venez d'alleguer pour :

peu

peu qu'on y preſte d'attention, & qu'on
ſçache l'art des conſequences. D. Cependant cette retenuë ou cette indiffe-
rence d'Epicure, ainſi que nous vou-
drons la nommer, a fait qu'il ne deſa-
prouua iamais perſonne, s'en tenant
toûjours à ſon, *Il peut eſtre*. Il ne choqua
point indiſcrettement, comme font les
fols eſprits, les opinions receuës; & garda ce temperament que ſans offencer la
croyance qu'il auoit, ny celle des autres, il viuoit ſans querelle, & ſans deſ-
meſlé auec tout le monde. G. Damis, à
ce que ie voy, eſt bien eſloigné de croire tout ce qu'il debitoit dernierement.
I'auois enuie de luy faire encore des re-
monſtrances, mais il n'en a pas beſoin, &
il n'eſt point neceſſaire que ie luy diſe
qu'au lieu de fier tant de cieux & d'elemens à la fortune, il imite la ſageſſe de
ſét heros. Th. C'eſt d'Enee que vous
entendez parler, dont la ſtatuë & celle
de Didon embeliſſent ſi fort ce cabinet. G. C'eſt de luy-meſme, ô Theoclee! Il ne voulut pas fier ſes voyages

au hazard, & fit, comme vous sçauez,
cette priere à la Sibille.

Ne trace point tes Vers sur les feüilles des bois,
De peur que si le vent les emporte vne fois,
Ie cherche vainemeut mon destin & l'Oracle.

Section dernie-re, où il est parlé en genc-ral de la Moralle d'Epicu-re.

EPicure mesme n'auroit pas voulu s'y exposer, il rejette le destin
& la fortune, & sacrifie à la prudence
qui tourne à son auantage, les plus fas-
cheux accidens,

Et qui fait que le Sage est Maistre
de son sort.

G. Parlez-nous vn peu de l'excellence
de sa Morale pour nous consoler de sa
Phisique. D. La Philosophie, apres auoir
sauué le Sage des terreurs paniques, qui
gesncat l'ame superstitieuse, luy donne
pour gardienne de sa joye la temperance, l'aprend à viure selon nature, qui se
contente de peu, & rend inseparables le
plaisir & l'honnesteté. Car afin de ne se

pas tromper comme le peuple en l'opinion qu'on a d'Epicure, il faut sçauoir
que ce Philosophe donne perpetuelle-
ment la felicité en garde à la vertu. Il
croit que sans elle il n'y a point de veritable ny de solide volupté : que ce n'est
que trouble en l'esprit, qu'agitation aux
sens, que conuoitises, qu'amours infen-
sees. C'est la vertu qui acquiert & con-
serue la tranquillité, & rend l'habitude du corps & de l'esprit inébranlable.
Par elle le Sage a pris le chemin le plus
facile pour arriuer au souuerain bien.
Il connoist mieux que nul autre, celuy
des Dieux & des Hommes : & quand il
considere que des siecles infinis ont deuancé sa venuë au monde, & qu'il n'en
roulera pas moins apres sa mort, l'espace de sa vie, qui est entre deux, luy paroist si peu de chose, que quand le Ciel
daigneroit l'exaucer pour sa fortune, il
ne trouue pas qu'il soit raisonnable de
faire des vœux. Tous les hommes sont
pareils le iour qu'ils meurent, trois iours
apres encore plus ; Mais pensez-vous

que cette Philofophie, & la vertu dont
elle fait profeſſion, n'apporte que ces
auantages? Elle ſuit le Sage auec la felicité dans les priſons, & ne le quitte point
dans la geſne ny dans la torture. La gloire de ſes raiſonnemens le rend venera-
ble à ceux meſmes qui le tourmentent,
la memoire de ſes premieres joyes s'oppoſe à la douleur preſente, & l'aſſeu-
rance certaine que la nature luy donne,
que la violence des maux ne peut pas
durer, eſt vn remede pour luy meilleur
que la panacee. Ainſi par ſa prudence,
le Philoſophe deliuré de la tyrannie in-
ſupportable du deſtin, comme d'vn
Maiſtre trop inexorable, & des caprices de la fortune, comme d'vne puiſſance trop volage, ſans eſtre atteint, ſoit
en dormant, ſoit en veillant, d'aucune
inquietude ou faſcherie, ne ſemble plus,
quoy que paiſtry de chair & de ſang,
auoir rien de commun auec les autres
animaux : & faiſant toûjours juſtice aux
eſtrangers & à ſoy-meſme, moderé,
agréable, tranquille, il ne paroiſt pas

tant vn homme qu'vn Dieu. G. Le ſçauant Torquatus, chèz Ciceron, ne por-
ta iamais plus haut la Philoſophie d'E-
picure. Th. A la verité voila vne Mo-
ralité excellente, & qui monſtre que le
reſpect de la vertu eſt bien profondé-
ment graué dans nos ames par la nature; puis qu'vn homme qui n'eſtoit pas
fort certain de la Prouidence, & qui ne
connoiſſoit point d'autre vie que celle-
cy, en a parlé ſi hautement. Mais les
Epicuriens, qui ont de ſi nobles ſentimens, deuroient-ils, comme ils font,
douter de la Prouidence, à cauſe du partage inégal des biens & des maux de la
fortune? Veu que s'ils font ſagés, ils ſont
toûjours heureux; & s'ils ne le font pas,
ils n'ont à ſe plaindre que d'eux-meſmes, la nature leur ayant donné aſſez
de lumiere pour le deuenir en la ſuiuant. D. Que ceſte reflexion eſt ſubti-
le! qu'elle eſt preſſante! qu'elle eſt ſolide! Ce que vous dites pourtant ne combat que les Modernes Epicuriens, qui
ont ce me ſemble bien degeneré de la

vertu d'Epicure, & qui vont ainsi met-
tant, entre les biens & les maux, des
choses que cét esprit magnanime, con-
tent d'eau & de pain dans sa retraitte,
n'eust pas daigné considerer. On sçait
qu'il écrit à vn de ses meilleurs amis,
enuoye moy du fromage Cythrien pour fai-
re festin quand il me plaira. Telle estoit
la façon de viure de celuy qui apeloit la
volupté le souuerain bien. C'est ainsi
que se traittoit le delicieux Epicure. Et
c'est ce qu'à recounu la Grece par cét
Epigramme à sa loüange. Sans me trauailler beaucoup des paroles, i'en ay
ainsi exprimé le sens.

Quelle aueugle fureur de desoler la terre
Par l'injuste interest qui fait par tout la guerre?
Nature & ses desirs se contentent de peu;
Mais de l'ambition trop auare est le Feu,
Et l'excessiue ardeur de ce Monstre effroyable
Par ce qu'il engloutit, deuient insatiable.
Epicure l'a dit de la part des neuf Sœurs,
Dont sa bouche agreable exprimoit les douceurs.

G. Pour monſtrer que i'ayme la gloire de Damis, & que ie ne luy enuie point vn témoin comme Theoclee, qui apres cét Epigramme, aprouuera, ſans doute, d'autres Vers, à qui la plus polie & la plus intelligente Compagnie de France n'a point refuſé ſon approbation : Il faut que parmy ſes Poëſies, ie cherche celle où il fait l'Idee du ſage Epicurien. D. Apres auoir commencé, comme on fit dernierement, par la loüange de Lucrece, il ne ſeroit pas tant mal à propos de finir parlà noſtre conference ; au moins ſi mes Vers pouuoient meriter d'eſtre écoutez. G. Ie les ay trouuez à poinct nommé.

> Loin des vaines frayeurs, & des ſoucis cuiſans,
> Le vray Sage conduit l'heureux cours de ſes ans
> Eſclairé du flambeau qu'allume la Nature :
> Quand il eſt ſans douleur, il a tous ſes plaiſirs,
> Et ne ſe met iamais luy-meſme à la torture
> Des vains & ſuperbes deſirs.

S'il n'habite vn Palais de royale grandeur,
Et dont l'or & l'azur imitent la splendeur
D'vn Ciel qui se découtre aux nuicts les plus
  seraines;
Il habite en soy-mesme, ainsi que font les Dieux,
Et prudent ne suit point les faueurs incertaines
   D'vn sort sans conduitte & sans yeux.

Il void ces Cabinets que les bords Indiens
Ont, en s'appauurissant, enrichis de leurs biens,
Et ces riches tapis tissus d'or & de soye:
Mais il y void entrer les vulgaires erreurs,
L'implacable vengeance, & sa cruelle joye,
   La jalousie & ses fureurs.

Parmy les feux guerriers qui veillet tour à tour,
Et les superbes flots d'vne ondoyante Cour,
La mort imperieuse attaque les Monarques;
De leurs Sceptres brises elle fait son butin,
Et sans porter respect à leurs pompeuses marques,
   Les soubmet au commun destin.

Leur regne n'est donc pas le regne des heureux,
Cette gloire appartient à l'esprit genereux,

        Qui

Qui tient plus bas que soy les fortunes humaines;
Et d'vn port plus sacré que ne sont les Autels,
Comme joüets des vents sur les humides plaines,
Void tout le reste des mortels.

Du plaisir de la vie, il a seul le secret,
Il en joüit sans trouble, il la pert sans regret,
Et contre le destin sur sa vertu se fie :
Bien loin de s'amuser à des vœux superflus,
Il s'endort dans le sein de la Philosophie,
Et rien ne le tourmente plus.

G. Ces vœux sont veritablement superflus, pour ne pas dire lasches & ridicules, que font pour prolonger leurs iours, tant de personnes accablees de maux & de vieillesse, qui ne sont plus qu'à charge aux autres, & à elles-mesmes. Elles ne peuuent rendre de bonne grace ce que la nature leur a presté, & trouuent insupportable la loy commune à tous les hommes, qui ne leur donne entree au monde qu'à condition d'en sortir. Au lieu que le Sage ne cherche point à faire durer vne chose laquel-

le il void bien eſtre à ſa fin ; ne met point
ſa felicité en ce qui le va abandonner,
& dauantage, ſçait que la mort, qui le
doit exempter de tout ſentiment de
douleur, n'eſt gueres vn moindre bien
que la vie, qui le fait joüir de tous les
plaiſirs. D. On pourroit adjouſter que
la deliurance des maux, au ſortir du
monde, eſt pleine & entiere; au lieu qu'à
la perfection de nos plaiſirs, il manque
toûjours quelque choſe. Th. Nous pro-
fiterons des veritez Morales qu'Epicure
a publiees. Elles ne peuuent pas eſtre ſuſ-
pectes à ceux qui donnent tout à la nature, & qui ne font autre profeſſion
que de la ſuiure. Ie ne les ay iamais veuës
mieux repreſentees qu'en ces riches
ſtances, où tout à de l'éclat & de la ſolidité. Pour rendre neantmoins noſtre
conduite encore meilleure, il eſt plus à
propos de la remettre entre les mains
de la Sageſſe diuine, qui ne peut errer,
puis que, ſelon vous-meſme, il ſe rencontre tant de dereglemens en la nature. Alors on pourroit écouter Epicure,

fans faire tort au Chriſtianiſme, & accorder la Sageſſe mondaine auec celle
qui nous eſt venuë du Ciel. D. Vous en
auez découuert les myſteres par vos diuines ſpeculations; & il me ſemble qu’il
ne reſte plus qu’à vous témoigner la re-
connoiſſance qui vous en eſt deuë.
G. Que direz-vous à Theoclee? D. Ce
que ie luy ay preparé dés ce matin, & ce
que la veuë de cette belle riuiere, qui
fait les delices & l’abondance de la plus
fleuriſſante Ville du monde, m’a inſpiré
à ſa gloire.

Que ſes diuins propos font heureuſe la Seine,
Et qu’Eurote autrefois n’eſtoit pas plus heureux,
Quand le plus beau des Dieux, ſous vne forme
   humaine,
Luy venoit raconter ſes deſirs amoureux.
Les ſaules du riuage en gardent la memoire;
Et le front couronné de joncs & de roſeaux
Les Nymphes de ce fleuue en redirent l’hiſtoire
A la mer, qui reçoit le tribut de leurs eaux.

G. Le doute qui vous loüez, de Theoclée ou d'Apollon. D. Aussi les ay-je
pris l'vn pour l'autre. Th. Vous vous
seriez beaucoup mépris.

Fin du second Dialogue.

LISIS.

DIALOGVE
TROISIESME.

OV CONVICTION SENSIBLE de l'erreur de ceux qui trouuent à re-dire aux ouurages de la Nature, pour prouuer qu'elle est abandonnée au hazard.

IAMAIS jour ne fut si beau que celuy qui suiuit la dispu-te de Damis & de Theoclée: jamais le Soleil n'eust plus de douceur & de lumiere. Son feu estoit proprement cette clarté qui sans brûler & sans destruire apporte agreablement

le jour au Monde, qui est belle de soy, &
par effusion de sa beauté embellit encore
toutes choses. L'air que ses rayons agi-
toient doucement estoit rafraischy par
son propre mouuement au lieu d'en estre
eschauffé : La respiration en estoit plus
delicieuse & plus aisée, & s'insinuant
dans les corps de toutes parts, comme
vn nouueau soufle de vie en temperoit
les humeurs, inspiroit la vigueur & la
santé, & par son agreable temperature
donnoit ie ne sçay comment plus de liberté à l'esprit, en fin ce jour ressembloit
à ceux dont le Poëte Latin auroit peu
dire.

Quand la nuict du Cahos rompit ses tristes voiles
Que la terre eut ses fleurs, & le Ciel ses Estoiles,
Et de l'amas confus de tant d'aueugles corps
La Lumiere naissante apparut au dehors.
Le jour qui le premier saluä la Nature
N'éclaira point ses yeux d'vne flame plus pure,
Et l'amoureux Printemps doux pere des plaisirs
Ne fut pas mieux d'accord auecque les Zephirs.

Tel deuoit estre le jour qui alloit don-
n l'ordre & le commencement à tous
les autres. Ie ne sçay si j'oserois dire que
tel deuoit estre celuy où il falloit iustifier
la nature & ses ouurages contre les im-
portunes & insolentes accusations de ses
critiques. Elle estoit belle en toutes ses
parties & à moins que d'auoir les yeux
jaloux & mesconoissants on ne pouuoit
douter de sa magnificence ny de sa sagesse.

Lisis qui prit cette apres-dinée la place
de Gelaste, que ses affaires appelloient
ailleurs, pour faire le troisiesme en la conuersation & remplir vn nombre que l'ancienne Theologie a tousiours creu myste-
rieux fut rauy de veoir le Ciel si pur &
la Terre si parée de fleurs. De loin il ap-
perceut Damis qui se promenoit seul au
bout d'vne allée des Thuilleries, il fut à
grand pas le rencontrer, & comme il iu-
gea qu il pouuoit l'entendre : ce beau se-
jour, luy dit-il, & ce beau Soleil qui le réd
encore plus delicieux vangeront aujour-
d'huy la Nature & moy que vous trai-

 étiez ſi mal dernierement. Il parla ainſi
en ſouriant, & courut embraſſer ſon amy.
Damis fit le froid d'abord, detourna doucement ſa teſte, comme s'il eut ſongé ailleurs, & mit quelque temps à reſpondre,
mais vn peu aprez. O Liſis, repart-il, expliquez vous dauantage, m'apportez
vous ou la Paix ou la Guerre, & ſuy je en
ſeureté auprez de vous. Ie croyois que
vous ſeriez rauy de ma rencontre : mais à
ce que ie voy vous ne voulez pas que ce
lieu de delices en ait pour moy puis que
vous m'y venez quereller. Ouy, & tout
de bon, repart Liſis, & ne ſert de rien ce
que l'on croit des Graces qu'elles ſont eſ-
gallement inſeparables de l'Amitié & de
l'Amour : Car plus je vous aime & plus ie
trouue eſtrange que vous trouuiez à redire aux œuures de la nature qui eſt noſtre mere commune, & que vous ayez
fait cette iniure aux miens que d'employer les vers que i'ay traduis de Lucrece
contre la gloire d'vne ſi prudente & ſi li-
berale bien faictrice. Hier au ſoir au Palais de l'incomparable Sophie, à mon ar-

riuée tout retentit contre vous & contre
moy. On accufoit Damis d entreprendre
toujours de mauuaifes caufes; & Gelaſte raillant à ſon ordinaire, Voyez vous,
ce diſoit-il, en me monſtrant cét homme
de bien, cette ame ſincere & religieuſe,
quand quelque Epicurien ſe prend à la
ſouueraine ſageſſe du Monde, il luy donne des Armes pour l'attaquer. Theoclée
qu'il cita pour teſmoin prit de là occaſion de raconter à la compagnie le ſubjet
de voſtre diſpute, & dit, à ce que ie penſe,
encore de plus belles & de plus fortes raiſons que celles qu'il vous auoit dittes, car
il faut auoüer que ie n'ay jamais mieux
ouy parler. Il m'apprit auſſi que cette
apres-diſnée vous deuiez continuer le
meſme diſcours, ie ſuis venu icy pour
vous entendre & pourveoir comme vous
traicterez vos amis, car ie me doute bien
qu'aprez auoir commencé par Lucrece
vous acheuerez aujourd'huy par ce grãd
nombre de difficultez ou de deſordres
qu'il remarque dans l'Vniuers, & leſquels à ſon aduis ne pourroient compatir

auec la puiſſance & la ſageſſe diuine s'il
eſtoit vray qu'elle prit ſoin de tout gou-
uerner. I'ay déja recognu deuant Gelaſte
& Theoclée, reſpondit Damis, qu'alleguer vne difficulté n'eſt pas ſoudre vne
queſtion : & ie ne ſçay pas ſi peu de Logique que d'en douter. Ie pourray
pourtant dire quelque choſe de ce que
vous penſés, du bon Lucrece; & meſme ie vous en feray l'interprete, car ie
porte icy les vers que vous en aués tra-
duits. Donc repliqua l'autre pour ne vous
point faire de ſupercherie, ie vous aduertis de bonne heure de prendre vn ſecond:
car afin de me iuſtifier ie veux eſtre celuy
de Theoclée. Hé bien dit Damis je fus
hier Hercule contre Theoclée & Gelaſte, je le ſeray bien aujourd'huy contre
Theoclée & Liſis, l'auoüe toutesfois que
côtre vn autre qui ne m'auroit pas mis le
marché à la main côme vous, & qui d'ailleurs feroit vn peu plus mon ami, j'aurois
quelque peine à me reſoudre. Car pour
ne pas faire le vain ie n'eus pas en la derniere conference tout l'auantage qu'on

se pourroit imaginer : mais maintenant
que la colere m'a fait des armes, & que ie
ne sçay quel Lisis m'est venu quereller de
gayeté de cœur, ie me sens capable de
tout. Cependant à la façon de ces anciens Cheualiers qui estoient Maistres de
leur colere iusques au temps & au lieu du
combat, & qu'ils sçauoient reprendre &
laisser quand il falloit , nous pourrions
nous promener en attendant Theoclée:
nous verrons apres sur qui le sort des armes doit tomber.

Icy i'aduertis le Lecteur qu'il preste
son attention à vne tromperie aussi ingenieuse & aussi innocente dont il ouyt jamais parler entre Philosophes, & pource que la chose mesme touche plus que
le recit qui s'en peut faire, introduisons
ces deux amis discourant ensemble , voila comme Lisis commença.

PREMIERE
PARTIE.

ISIS. Il y a grand plaiſir de veoir de cette terraſſe la Campagne toute libre & toute eſtenduë : cette eminence nous tient lieu de montagne à l'eſgard des plaines voiſines, & met tout le plat pays en noſtre puiſſance. Les promenoirs ſans doute ſont plus beaux où les yeux ont leur liberté entiere. D. Il faut des lieux couuerts, & d'autres qui ne le ſoient point, & quand le Soleil n'eſt ny chaud ny brûlant, ſoit le matin, ſoit le ſoir, ou dans vn jour comme il fait : il n'y a ce me ſemble rien d'égal à la belle veuë. L. Ce qu'il y peut auoir à dire, c'eſt que ce ſont des terres remuées qui découurent de loin. Il eſt vray, mais où rien ne vient à cauſe du ſable, qui de ſa nature eſt aride & ſec.

& fec. D. Il ne faut pas tout faire pour
l'vtilité ; il faut principalement en ces
belles Maifons-cy faire beaucoup pour le
plaifir qui naift de la diuerfité. L. Contre ma coutume, ic viens de faire le bon
mefnager, mais fi vous vous en fouuenez ce fut d'icy que nous eûmes, il y a vn
an, le plaifir de ces nouuelles fuzées qui
ne retombent pas feulement en eftoilles,
& en ferpenteaux , mais en Lunes & en
Soleils. Ils femblent pour ainfi dire faire
de nouueaux Aftres & de nouueaux Planettes : Et fi la fumée de la poudre n'e-
ftoit point facheufe, il n'y auroit rien à
redire à ce nouueau genre de plaifir. D.
Il faut auoir les fentimens bien delicats
pour s'offencer de fi peu de chofe ; vn
Guerrier comme vous deuroit aymer
pour le moins autant l'odeur de la poudre que les Efcuyers celle du maneige, &
puis outre qu'elle chaffe le mauuais Air,
il y a tant d'eaux d'Ange, & de fleurs
d'orange, tant de mufc & d'ambre en voftre Cabinet, & vos gands font fi parfu-
mez, que vous n'auez rien à craindre de

cé cofté-là. Mais que diriez-vous des Ca-
nons & des autrés inftrumens à feu. C'eft
vne merueilleufe inuention, & il faut aduoüer que la Pyrotechnie eft bien admirable d'auoir tiré des corps vne matiere
huileufe & combuftible comme eft le
foulphre, & le meflant auec le falpeftre
dont la vapeur eft violente quand la chaleur le force à fe dilater imiter en les in-
corporant au charbon, les plus horribles
meteores, comme font la Foudre & le
Tonnerre, pour moy

Quoy qu'on ait diffamé l'infolence effrenée
De l'indomptable Salmonée   (rain
Qui dans vn char bruyant fur des planchers d'ai-
Portoit comme les Dieux, les foudres à la main.
Quoy que de fes flambeaux la vapeur homicide
Paffa pour vn crime en Elide
Son audace me plaift & fa dexterité
D'auoir fi hautement le tonnerre imité.

L. Ces vers font bien imitez de Virgile, & certainement Salmonée hors
fon impieté auoit vne Ame bien extraor-

dinaire d'auoir peu conceuoir vne ſi haute penſée que celle de foudroier ſur la terre Car, comme vous ſçauez, de quelques
exhalaiſõs ou de quelques vapeurs que ſe
forme ce Canon de l'air; les effets en ſont
merueilleux, & ce que l'on dit qu'il en
menace beaucoup & n'en frappe que
peu ou point, eſt vne grande leçon pour
la conduite des Politiques. D. Principalement quand ils vont à la punition des
grands coupables par des moyens éloi-
gnés, inconnus, & comme inuiſibles,
ainſi que la foudre ſe fait; de ſorte que
l'orage éclatte ſans qu'on ait pris garde
de quelle part il s'eſt fòrmé. L. Il faut
aduoüer que c'eſt vne grande Maiſtreſſe
que la Nature, elle eſt bonne lors meſme qu'elle ſemble la plus irritée : & parce
qu'elle ne craint pas comme font les puiſſances mondaines, elle donne moins de
lieu à la peine qu'au repentir. Il eſt vray
qu'elle ſe fait des armes & des quarreaux
foudroyants d'exhalaiſons & de fumées
imperceptibles, mais il eſt vray auſſi qu'il
en tombe peu en temps ſerein, encore ſõt

ils de bon preſage : Le bruit qui deuance
le coup nous aduertit d'y prendre garde,
& plus le vent qui le pouſſe eſt grand,
plus l'aduertiſſement eſt certain. D. Ha!
que le Fontenier eſt plaiſant d'auoir fait
joüer les fontaines, voyez vn peu comment ſelon les diuerſes reflexions du Soleil : l'eau reſſemble à vn Arc en Ciel,
tombe là tout à coup en pluie, & diſtille
d'autre-part comme vne roſée : d'vn coſté vous diriez que les ruiſſeaux qui courent ſont de laict parmy ces Lys & ces
Narciſſes, où ſans doute ſi nous eſtions
prés nous verrions flotter leurs images;
Et de l'autre, parmy ces prairies il ſemble
d'eſmeraudes fonduës outre qu'elle con-
ſerue quelque temps en l'air, la difference des figures qu'elle prend au ſortir de
ſes tuyaux. L. Certainement l'eſprit de
l'homme eſt incomparable de ſe joüer
ainſi qu'il lui plaiſt de la nature : ſi les ca-
naux ne ſe rompoient point, & qu'il n'y
falluſt pas toûjours refaire, que ce plaiſir
ne fut pas de ſoin & de deſpence, ie l'eſti-
merois beaucoup. D. Il ne nous couſte

rien Lifis, & celuy auquel il coufte eft
bien vn affez grand Seigneur pour n'en
pas craindre la defpence, fi les fonteines
ne vont pas toufiours, fi quelquesfois
comme on dit en raillant, elles ont la gra-
uelle, ou fi elles fe creuent & fe defbor-
dent : Noftre Prince eft bien plus grand
que le Preteur des Romains qui ne fe tra-
uailloit pas de petites chofes. L. Allons
vn peu plus auant & vous entendrez vn
vent impetueux, qui par vn moyen d'enfermer l'air, & puis de luy donner iffue
tout à coup, reffemble à ces tourbillons
qui font faire naufrage aux plus grands
vaiffeaux, & qui les enleuant de la mer les
fufpendent quelquesfois entre deux airs.
D. Cette inuention eft miraculeufe, &
c'eft vne belle & haute maniere de monftrer que l'homme eft maiftre de l'air. On
dit ie ne fçay quoy de pareil d'Vlyffe, &
il me fouuient d'Empedocle qui paffa
prefque pour vn Dieu, pour ce que bou-
chant feulement quelques trous de cauernes, d'où s'exhaloit vn air corrompu,
il fit ceffer la pefte en Sicile. L. Les coups

de canon repouſſent violemment les parties de l'air infectées, les feux de genic-
ure & d'autres bois odorants, & le fort
vinaigre brûlé : Mais il faut aduoüer qu'il
n'y a rien qui les diſſipe à l'égal du grand
vent, pour ce qu'il épand les mauuaiſes
vapeurs & les reduit en de ſi menuës parcelles qu'elles perdent toute la force que
l'vnion leur donnoit, & chacune d'elles
ſeparées n'eſt plus capable de nuire.

D. Deſcendons dans ces grandes allées de cheſnes. L. Elles ne me plaiſent
point trop, on veoid derriere quantité de
terres en friche, de grands creux & des
fondrieres, des antres, & des rochers, de
la mouſſe & des coquillages où il ne s'engendre que des vers & des limaçons. D.
Vous ne voulez rien veoir d'inutile, mais
pourtant cela a ſa grâce, dans les grandes
& belles maiſons, de peur qu'vne trop
longue politeſſe n'ennuye, ſi elle ſe trouuoit par tout, il y faut du Sauuage & du
Ruſtique, lequel donne plus d'éclat au reſte & à ſon eſpece de beauté. Les hommes qui par leur induſtrie deſſeichent les

marais qui font aprés les meilleures terres
du monde & par des riuieres qu'ils coup-
pént & des terres qu'ils tranfportent rendent les pays fertiles qui ne l'eftoient pas,
ne fe peuuent plaindre de ces lieux qui
ont efté laiffez deferts, pour faire veoir
vne image de champs & de folitudes au
milieu des Palais & des jardins. Diray-je
que quand ie penfe, qu'à l'imitation de
ces cauernes & de ces rochers, on éleue
des murailles en rondeur & des edifices
voutez & ouuerts, afin que l'air y entre
& refforte, & que pour repouffer la voix
on difpofe la reflexion des voutes felon
le nombre des Echos que l'on defire. Ie
ne puis que ie n'admire la Nature qui a
donné par tout lieu à l'homme d'exercer
agreablement fon Efprit? L. Il eft vray
que l'on peut fe reigler en ces fortes de
raifonnements fuiuant l'eftat & la difpofition des lieux où l'on a remarqué que
les voix fe multiplient. Et vous fçauez
combien le faux plancher qui eft au cabinet de Theoclée donne d'eclat à tous les
airs que l'on y chante. L. Mais qu'eft-ce

que i'entends ? D. C'eſt le rugiſſement
des Lions. L. Si les Princes eſtoient de
mon humeur, ils nourriroient plutoſt des
Poëtes & des Philoſophes. Quoy que
rares, les beſtes furieuſes ſont toûjours
beſtes furieuſes. D. Penſez vous que les
Grands n'ayent pas de Grands hommes
auprez d'eux : Ils en ont ſans doute, mais
pour la magnificence & la curioſité meſmes, peut-on trouuer mauuais que la vol-
liere eſtant d'vn coſté auec des oyſeaux
de tant d'eſpeces, il y ait de l'autre des
Tigres, des Lyons & des Elephans dont
la force, l'agilité & l'adreſſe ſont quaſi
inimitables : Pourueu qu'on ne les irrite
point, qu'ils ſoient bien enfermez, ou
qu'on ait la prudence de ne s'en pas approcher de trop prez. L. Ie ſçay ce que
vous voulez dire. Il faut tout veoir &
tout ſçauoir, & les hommes qui ont tant
de moyens de conſeruer les animaux domeſtiques, n'en ont pas moins pour ap-
priuoiſer les ſauuages, ou pour les deſtruire. Cependant ſi le Lyon rompoit ſa
chaiſne, adieu toute la Philoſophie de
Damis.

Damis. D. Cela arriuera en vn Siecle
vne fois. L. Il est vray que la Loy n'est
pas faite pour les cas trop particuliers &
trop extraordinaires. Elle ne reigle que
les ordinaires & les communs. D. C'est
pourquoy, dit-on, les Romains n'en firent pas contre les parricides ancienne-
ment. L. Laissons Rome & ses Loix &
trouuons moyen de boire. Le Maistre de
la Glaciere nous fera boire frais si nous
l'en prions, & à vn homme qui reuient
d'Italie, c'est vn regale d'importance que
de mesler la glace à son vin. D. Vous
estes aujourd'huy plus Epicurien que
moy. L. Ne me dittes point d'injures
puis que vous ne voulez pas vous battre
encore, & que vous attendez Theoclée.
Allons vn peu temperer nostre sang ou
par l'aigre de cedre que j'enuoyeray querir, ou par cette eau glacée que ie demande. D. Allons, & si nous ne voulons
blasmer les plus delicats des hommes &
les plus sages en leurs plaisirs : Voyons si
l'on peut icy esperer quelque courtoisie
pour son argent. L. Si i'estois si delicat

que vous diſiez tantoſt ma veuë pourroit
eſtre offencée de ce vilain chaume & de
cettepaille épanduë qui couure tout icy
au tour, mais il n'importe ie trouue beau
d'auoir aſſemblé en ce iardin l'Eſté &
l'Hyuer, de ſorte qu'au meſme temps
l'vn eſt ſur cette terraſſe, & l'autre ſe rencontre icy. D. Ioüiſſez du plaiſir de voſtre meditation; mais ne vous laiſſez pas
trop emporter à celuy de la fraiſcheur. L.
De mon ennemy vous eſtes deuenu mon
Medecin: ie taſcheray de proffiter de voſtre aduis quand l'aage m'aura rendu plus
temperé. D. C'eſt à dire, quand il n'en
ſera plus temps. L. Puis que ce n'eſt qu'à
quatre heures que Theoclée doit venir
icy, & qu'il n'en eſt pas encore deux &
d'emie; nous pourrions bien aller iuſques
àla Gallerie, où ie vous feray veoir de
Cameleons, des Mumies, des Polypes,
des Dragons embaumez, des Coquilles
auſſi variées que vos Tulippes, & mille
autres curioſitez où il ſemble que la Nature s'eſt joüée quant elle eſtoit en bonne
humeur. D. Ces diuerſitez parent les

cabinets & seruent à la Philosophie quelquesfois. I'appris dernierement que le
cœur & le foye des Dragons mesme ont
leur vertu, que des Cloportes & des Le-
zards ont fait des poudres merueilleuses,
qu'on a trouué moyen de petrifier des
bois & des toilles, que des crapaux par
distillation on en tiroit des eauës salutai-
res, que la chair des couleuures est excellente la teste estant arrachée, & que des
viperes on faisoit des compositions me-
dicinales. L. Il est vray qu'on a trouué
l'art de chasser le venin par le venin, comme on guerit quelquesfois les brûlures
par le feu. L. O Dieu ce coin de terre est
vn fourmilliere de vers! D. Les fuïez
vous si fort : c'est vne marque de bonne
terre, & vous me contiez dernierement
entre les chefs-d'œuures des operations
Chymiques qu'vne personne illustre de
sang & de race, & d'vn esprit aussi per-
ceant que de Seigneur qui fut en France
auoit tellement preparé de l'or, qu'vn ver
en estoit sorty. Il a disiez - vous animé le mort, & donné le sentiment à l'in-

ſenſible. L. Ce fut vn chef-d'œuure à la
verité, & s'il eſt vray, comme les Mede-
cins n'en doutent pas, que les vers qui
naiſſent dans le corps des enfants ſe forment de matieres corrompuës dont les
vapeurs gaſteroient leur cerueau encore tendre. C'eſt vne grande ſageſſe à la
nature de produire pour leur ſanté ce que
l'on y croit ſi nuiſible. D. Il eſt vray,
ils attirent la corruption, & comme vous
ſçauez ce qui eſt viuant, comme ils ſont,
ne pût & n'infecte pas. L. Les Sauterel-
les & les Chenilles ſont bonnes par cette
raiſon, en ce qu'elles attirent le mauuais
air, ſi bien qu'il n'y a point de Peſtes aux
années qu'elles ſont en plus grand nombre. Ce qui eſt fort conſiderable. D.
Voyons vn peu deuant que de ſortir ces
Pauures Gens qui arrouſent, qui portent
toute la chaleur du jour, & ſe rompent
l'eſtomach à ſe coucher ainſi contre Terre. L. Si la terre ſans eſtre cultiuée pro-
duiſoit tout d'elle meſme, comme on
feint qu'elle faiſoit au Siecle d'or: le monde ne me deſplairoit point trop, au moins

deuroit ce estre le priuilege desmaisons
Royales , quand ce ne seroit que pour
mettre de la difference entre les subjets
& leur souuerain. D. Sans cela ils n'ont
que trop àredouter leur propre puissance,
& il est bon qu'ils se souuiennent qu'ils
sont hommes comme les autres. Il me
semble que ces pauures gens vous regardent déja de costé, car si vos souhaits
estoient accomplis ils pourroient bien
mourir de faim. Le moyen de gagner leur
vie est le plus innocent de tous, & ce que
ie trouue de charmant en la culture des
Plantes, c'est que chacune a sa vertu, laquelle seroit ignorée, s'il n'estoit point
necessaire de les cultiuer. Chaque Arbre,
chaque simple, chaque fleur a sa saison. &
comme des Estoilles les vnes se mon-
strent au commencement du jour, les autres au commencement de la nuict, le
Taureau se leue en vn Temps, & le Scorpion paroist en l'autre : il en est de mesme
des Tulippes, des Anemones, des Rozes,
des Lys, des Belles-de-nuict, des Helio-
tropes, des Perseneiges pour ne pas par-

ler des Immortelles , des Lauriers & des
Orangers , qui comme le Soleil se mon-
trent toûjours. L. Ie pense que cette ob-
seruation a seruy à l'Astronomie , principallement selon ceux qui croient non
sans vne tres-grande apparence,que tout
ce qui est en Terre est au Ciel en sa façon,
& que la Roze est la Venus terrestre pour
ainsi parler , & la Planette de Venus est
la Roze celeste. D. On dit ainsi de l'or,
que c'est le Soleil de la terre , & que le fer
en est le Mars. L. Et si nous voulions ré-
ueiller quelqu'vn des Poëtes Grecs, ils
nous diroient encore que la Medecine
doit son origine à l'Agriculture. Vous
sçauez que le bon homme Chyron mon-
troit au petit Achille, à connoistre les
simples propres à la guerison des blessu-
res, & de quel jus d'herbes & de racines
on se deuoit seruir selon les maux. Combien d'obseruations pourrions nous faire
si l'impatience ne me prenoit. Certainement Theoclée se fait trop attendre. D.
Remontons sur la Terrasse, puisque ie ne
sçay comment nous auons oublié la Gal-

Ierie où nous irons quelqu'autresfois, &
regardons à main gauche les beaux Palais
qui parent fi fort le riuage de l'autre cofté
de l'eau. L. Il y en a maintenant qui
donnent plus de honte & mefme d'hor-
reur que d'admiration à cette grande Ville, qui fçait comme ils font pour ainfi dire des ouurages d'iniquité. Pour peu que
l'on voulut faire l'Hiftoire de leurs pof-
feffeurs, il ne faudroit pas craindre que
le difcours nous manquaft, ny peut-eftre,
l'enuie ou l'indignation. D. Des hommes faits comme nous, ne font point capables de la premiere. Si nous fommes
Philofophes, il y a long-temps que tu as
appris d'Epitecte, & moy d'Epicure à ne
pas eftimer ce qui n'eft pas en ſa puiſſan- /noſtre
ce, ce qui fouuent eft le prix des trahifons, &
des perfidies, ou le fruict de l'auarice & de
la baffeffe de cœur. La Temperance qui
nous donne vne forte habitude du Corps
& la Tranquillité de l'Ame, dont la co-
noiffance des premiers principes & des
caufes de tout nous fait ioüyr, nous met
en eftat de ne pas enuier des Efclaues qui

sont à la verité liés de chaisnes d'or & de diamant, mais qui pourtant sont toûjours Esclaues. *L.* Vous estes sage Damis, & pour ne vous pasmentir j'aimerois mieux la sobrieté des Catons & la pauureté des Socrates, que les voluptez d'Apicius, ou les immenses richesses de ces opulents miserables qui craignent toûjours qu'au premier changement de fortune, la justice ne vienne reprendre ce qu'ils ont amassé injustement. Tel estoit ce riche execrable qui faisoit des prouisions continuelles & surabondantes de bleds qu'il aimoit mieux laisser perdre que de vendre à prix raisonnable, & qui n'auoit point de plus grande infelicité que la felicité publique. *D.* La préuoyance n'est pas seulement mere de seureté, elle l'est de l'abondance & du repos. Et quand par vne prudente œconomie elle fait pour ainsi dire vne compensation de la sterilité de certaines années par la fertilité des autres, on ne la peut trop estimer. Vous sçauez que la Politique mesme a toûjours fort trauaillé, pour faire que les

Peuples

Peuples ne manquaſſent jamais des alli-
ments neceſſaires. L. C'eſt vn effet de
la Police d'y donner ordre ; & i'ay cent
fois penſé qu'en vain on accuſe les grandes pluyes, ou les trop grandes ſeichereſ-
ſes; ſi les hommes auoient de la charité &
de la prudence, ſi on meſnageoit les biens
de la terre, Souuent ce qui ſe conſomme
en vn repas, ou ſe pourrit en des Greniers
nourriroit pluſieurs affamez toute vne
année. L'homme eſt barbare & cruel à
l'homme meſme, & accuſe toûjours tout
autre que ſoy, des miſeres d'ont il eſt cauſe. Mais voicy venir Theoclée D. C'eſt
bien vn homme de ſa mine & de ſa taille,
mais ce n'eſt pas luy. C'eſt à moy qu'il en
veut. Voyons ce que c'eſt. L. Qu'e-
ſtoit-ce doncque ? D. Ergaſte, vn des
amis de Theoclée, qui a eu la bonté de
me venir dire en paſſant que noſtre Illu-
ſtre ne pouuoit eſtre icy d'vne heure. L.
Dieu ! qu'ils ſe reſſemblent. D. Vous
ſçauez, Liſis, que la reſſemblance auſſi
bien qu'elle eſt mere de l'Amitié eſt mere
de la Tromperie. L. Me tromperoy-je

en ce que ie penſe. D. Etquoy? L. Que
ce papier que ie tire de voſtre poche eſt
quelqu'vne de vos belles pieces.D.Liſez.

Si les Dieux preſidoient à l'Empire du Monde,
Vn Iupiter au Ciel, vn Neptune ſur l'Onde,
Verroit-on des Climats toujours noirs, & glacés
Où le flambeau du jour ne luit jamais aſſez,
Et tant de Regions que la flame Celeſte
Brûle, & n'éclaire pas de ſon ardeur funeſte,
Tant de fiers Habitans des ſauuages Foreſts
Qu'ils laſſeroient Alcide auecques tous ſes traits;
Des Dragons, des Serpents cõçeus en noſtre haine,
Et tant de noirs venins dont la Nature eſt pleine,
Des Libiques ſablons les immenſes deſerts,
Les Prodiges de Terre, & les Mõſtres des Mers?
Et toy Mere des Dieux qui vainement eſſayes
De deuoir tes enfants à d'autres qu'à tes playes,
Et qui ſans noſtre fer aux labeurs exercé,
Aurois toûjours le Corps d'épines heriſſé:
Verrois-tu tant de fois quand la Moiſſon eſt preſte
S'éleuer tout à coup vne noire tempeſte,
Vne Mer qui du Ciel tombe à flots redoublez,
Et noye auec les Champs l'eſperance des bleds?
Que dirons nous des feux de la foudre execrable,

Qui punit l'innocent, & ſauue le coûpable,
Et dans nos ſentiments decredite les Cieux ;
Quand elle fait tomber les Autels & leurs Dieux?
En fin que dirons nous des morts precipitées,
De ces hautes vertus qui ſont ſi mal traitées :
Du bon-heur inſenſé qui ſuit les plus meſchants ;
Des fureurs de la guerre & des glaiues tranchãts?

Ie vous ay découuert, Damis, voila comment vous me traittez; ſans doute qu'auec les armes de Lucrece, en faueur de voſtre Epicure vous voulez attaquer Theoclée : & ſans y penſer par la verſion que i'ay faite, ie me ſuis declaré contre luy. Voyla comme on me trompe toûjours : mais croyez vous que ces difficultez du Poëte nuiſent fort à la gloire de celuy qui conduit le monde. D. Ceux qui l'abandonnent au hazard, n'alleguent guieres d'autres raiſons. L. Dieu ſoit loüé, Damis, de ce que vous auez reſpondu à toutes. D. Comment cela? L. La plus grande objection eſt celle que l'on tire de la proſperité des meſchants, & vous me venez de dire, que le Sage ne

doit point auoir contr'eux ny d'indignation ny d'enuie, & qu'ils font malheu-
reux par la puiſſance meſme qu'ils ont v-
ſurpée Que la Temperance, qui montre
au Philoſophe à ſe paſſer des voluptez
non neceſſaires & des choſes ſuperfluës,
égalle ſa condition en quelque ſorte à
celle des Dieux, qui viuent contents en
eux-meſmes. Pour la foudre, vous m'a-
uez ſi bien auoüé que c'eſtoit le plus admirable des meteores, que la ſorte dont
il ſe forme & dont il éclatte eſtoit vne in-
ſtruction importante aux Politiques, &
que le bruit qui le deuance nous aduer-
tiſſoit toûjours auant le coup; que la nature eſt plus digne de loüange que de bla-
me en la production de ce feu, qui rend
d'ailleurs fecondes les pluyes, & porte
plus auant leur influence par ſa chaleur. Il
eſt vray que les tempeſtes auec leſquelles
il tombe, deſeſperent quelquesfois les
Laboureurs, mais il y a trente ans que ie
ſuis au monde, & ſi ie n'ay point veu
d'années ſteriles abſolument. Si vne contrée eſt infertile, l'autre eſt abondante: &

comme vous difiez tantoſt, s'il y a famine c'eſt plutoſt manque de preuoyance &
de charité de la part des hommes, que de
ſoin, du coſté de la Nature. Que ſi la terre
a beſoin d'eſtre cultiuée, pour produire
les vins & les bleds : Tout à l'heure vous
me diſiez que l'homme doit à cet innocent trauail, l'inuention de la Medecine,
& peut-eſtre, de l'Aſtrologie : Veu que
pour ſemer & pour planter, il faut obſer-
uer certaines Eſtoilles, dont Heſiode &
les autres, ont tant fait de mention. C'eſt
bien plus ; quand i'ay trouué à redire aux
Couleuures de ce Bois & aux Vers, vous
m'auez allegué pour vne merueille. celuy
qui par ces meſlanges donna vn tel degré
de chaleur au metal qu'il en fit vn Ver.
Vous loüiez la magnificence des Princes
qui ont des Lyons & des Tygres, comme eſtant d'auſſi belles eſpeces qu'il y en
ait en la Nature, & de peur que ie ne la
blamaſſe d'auoir fait des climas ſi chauds
& d'autres ſi froids, vous diſiez que la
Terraſſe & la Glaciere nous faiſoient
preſque paſſer icy de l'Hyuer à l'Eſté en

vn mefme temps , & que pour auoir de
tout côme le Monde, ce Palais Royal deuoit mefme renfermer jufques aux prodiges, dé peur qu'il n'y manqua rien. D. l'a-
uois prophetifé d'abord, en vous demandant fi j'eftois en feureté auprez de vous.
Vous ne m'auez donc promené ainfi de
tous coftez, qu'affin de me furprendre par
tout? Mais , ô Lifis, Lifis , Il y a bien à dire des Zones entieres, à vne Glaciere & v-
ne Terraffe.　L. Il y a bien à dire auffi de
cette belle Maifon , au Monde entier. Et
fi auec cet art qui conte les Aftres du Ciel
& le fable des riuages vous fupputiez de
combien toute la Terre furpaffe cecy en
grandeur , vous trouueriez que les lieux
que l'on y croit inhabitables ne font pas
plus à l'égard de tout fon Globe, que ce
coin de terre en friche , dont vous difiez
que j'eftois bien delicat de m'offencer ;
non plus que de la forte odeur de la poudre. O Damis , Damis, quiconque trouue ces cafcades belles & cette epaiffeur
de bois impenetrable au Soleil: Quiconque croit que c'eft affez de viure vn an .

pour veoir tout ce que fait la Nature:
Quiconque a trouué l'Art dé chaſſer les
venins, par le venin, & qui fait venir tant
ſenteurs & de parfums au ſecours du
mauuais air : Quiconque ſçait qu'vn
Grand Monarque comme le noſtre auroit bien peu d'intereſt en la perte d'vne
de ſes Maiſons de Campagne ; à l'ame
bien déreglée s'il ſe plaint des torrents
& des Foreſts, des Chenilles & de la
boüe, des morts hatiues & precipitées:
Où s'il s'imagine que le Ciel & la Terre,
eſtant le Temple de Dieu ; ſa gloire ſoit
pourtant fort intereſſée, Si le feu du Ciel
brûle vne Chappelle ou vn Autel, que
peut eſtre encore l'impieté,ou la ſuperſtition des hommes aura prophané. Qui
voudroit par Epicure meſme, déliurer vn
Eſprit comme le tien de tous ces foibles
ſoupçons,deuroit luy faire veoir l'Vniuers en ſon Tout & en ſes Parties,égaller
ſa penſée à l'immenſité des Cieux, des
Terres & des Mers, à la diuerſité de ſes
Eſpeces, & des degrez differents qui le
compoſent, à l'accord géneral des Ele-

ments & de leurs qualitez contraires; à la
diftance prefque infime des Cieux : aux
mœurs diuerfes & femblables de tous les
Peuples ; à cette vniforme difformité des
Corps Celeftes & Elementaires : Aprez
ramaffant ces chofes efparfes diuerfement par la vafte eftenduë du Monde:s'il
en penetroit jamais les rapports, & les
proportions, qu'ont auec ce grand Tout,
les parties les plus contraires & les plus
diftantes : Il adoreroit la main Sage &
Puiffante, qui les lie de fi loin & les accorde toutes enfemble en la conferua-
tion & fubfiftance d'vn ouurage de tant
de pieces. D. Me voyla bleffé de ma propre main & ie tombe fur mes propres armes. Iamais Socrate auec fes demandes
auffi artificieufes qu'elles paroiffoient
naïues, & fes longs deftours, n'a mieux
atrappé le Sophifte, que Lifis me vient
d'attrapper. L. Ce qui fcandalife encore les Ames foibles ; ce font des inonda-
tions, & des embrazements de terres,
qui arriuent de fi loin à loin que la memoire en eft prefque efteinte, ou meflée

aue

àuec tant de Fables qu'à peine y peut on
entreuoir quelque rayon de verité. Ce
qui encore eſt vne des purgations du
monde par qui il ſe renouuelle, & aprez
leſquelles ſon aſſiette eſt auſſi belle &
auſſi ferme que jamais. Ce grand Corps
a ſes mauuaiſes humeurs comme les no-
ſtres, & de quelque ſorte qu'on le purifie
ſoit par leseaux, ſoit par les flammes, il n'y
a que ſubiect de loüer la Prouidence. Ad-
jouſtez à cela que ce ſont des effects de la
contingence des choſes baſſes, & c'eſt
d'elles que nous parlons. Trouuer eſtrange que ce qui eſt corruptible ſe corrom-
pe, ſoit par famine, ſoit par la peſte, ou
par la guerre: c'eſt auoir plus beſoin d'El-
lebore, que de nos raiſons. En vn mot
telle eſt la neceſſité de la matiere. Et il
faut qu'Elle ne ſoit point, ny toutes les
choſes qu'Elle compoſe; ou il faut qu'Elle change de formes, & les reçoiue toutes ſucceſſiuement. Peut-on s'eſtonner
de veoir mourir ce qui eſt mortel de ſa
nature: de veoir perir, ce qui eſt periſſable?
Ce ſeroit du côtraire qu'on auroit lieu de

s'eſtonner. L'homme eſt toujours, quelque ieune, & quelque puiſſant qu'il ſoit,
entre deux abiſmes ineuitables; Le neant
d'où il eſt ſorty, & le Sepulchre où il doit
tomber: plus toſt, ou plus tard, qu'importe, & que ſont trente ou quarante années
de vie, à l'eſtenduë infiniedes Siecles ſui-
uants? Ie ne reſponds point à vos Zones
roſties, & glacées, inhabitables, dittes
vous par la froidure, ou par la chaleur ex-
ceſſiue; car c'eſt vne erreur qui naiſt de l'i-
gnorance de la vraye Geographie : l'E-
thiopie eſt ſi fertile, & le Septentrion eſt
remply de ſi beaux & de ſi grands Peuples, que ces parties de la terre ne paſſe-
ront jamais pour deſertes. Les plaintes
ne ſont pas mieux fondées de ceux qui
demandent, s'il y a vne Sageſſe infinie, &
vne Bonté Eternelle, d'où viennent les
vices & les pechez? Ils viennent des A-
mes Impies qui font ces demandes : des
inſenſez qui voudroient que l'homme fut
impeccable comme Dieu, qu'il fut comme luy tout Bon, & tout Sage. C'eſt à
dire, qu'il ne fut plus homme. Mais Dieu

ne communique point sa Gloire, & ne la
peut communiquer, il est separé par soy-
mesme & separé infiniment de tout ce
qui est au dessous de Luy. Le Bon, & le
Beau, Souuerain, Eternel, Immuable,
c'est sa Nature; toute autre Nature tirée
du Neant par sa Puissance, est bonne, elle est belle; mais elle n'est pas la bonté ny
la beauté mesme. Et pour moy ie ne m'e-
stonne non plus de veoir faillir ce qui
n'est point infaillible, que de veoir mourir ce qui n'est pas immortel. Quand le
maistre absolu des Legislateurs & des
Roys a par vne Loy Diuine qu'il a impri-
mée au fonds de nos cœurs, & selon laquelle il n'y a point de coupable qui puisse s'absoudre, ny recuser le tesmoignage
de sa conscience qui le condamne inte-
rieurement : Quand, di-je, par nostre
propre cognoissance, par la crainte de
peines, par l'amour des récompences, ou
par la reputation & la verité qui font ordinairement Iustice aux hommes dequel-
que qualité, qu'ils soient, la supréme Sagesse qui conduit le monde apprend à

chacun son deuoir. Il me semble qu'il ne faut accuser que l'homme de tous les vices & de tous les desordres de la terre. Car il est si vray que l'on sçait naturellement ce qui est bien, & ce qui est mal; que si nous ne corrompions les lumieres de la Nature par nos sophismes, si nous ne nous opposions à la science qu'elle nous en donne, par vne ignorance affectée, Si presque en toutes choses nous n'aymions mieux suiure la coustume, que la raison: jamais ce clair flambeau que le commun pere des hommes a allumé en nous à nostre naissance, ne cesseroit de nous esclairer & de nous conduire. Enfin, ce dit la Philosophie ancienne quelque trouble, & quelque obscure qu'elle soit, l'homme est libre, ou il ne l'est pas. Il peche par necessité, par force, par violence, ou par volonté. S'il n'est point libre, il ne peche non plus quand il tuë & qu'il assassine que l'aconit & la ciguë quand ils empoisonnent. Et ce qu'on appelle vice, n'est qu'vn nom vain & chymerique: s'il est libre, & qu'il soit preuenu, comme on n'en

peut douter, par des sentimens naturels
de bien & de mal graués au fonds de son
ame, poussé à l'vn par la paix & le repos
de sa conscience, destourné de l'autre par
elle mesme, qui vaut mille tesmoins &
mille furies, ie ne sçay dequoy on peut accuser la diuinité qui empesche le crime
par toutes sortes de voyes, & menace, de
le punir par toutes sortes de supplices. O
Damis, Damis, quoy que vos Epicuriens
subtilisent, la gloire de l'innocence appartient à celuy qui a peu faillir, & ne l'a
pas fait. Si l'homme a sa liberté, il est cri-
minel quand il en abuse: s'il n'en a point,
il n'y a plus de vice ny de peché. D. Il me
semble d'ouyr Theoclée, & vostre discours fait auiourd'huy qu'il ne nous est
plus si necessaire. L. C'est trop, Damis,
c'est trop: Ie n'aspire point iusques-là. Ne
comparés point des choses si inegalles, &
ne faittes point son injure, de ma loüange. Pourueu que vous recognoissiez que
tout le feu de vostre Lucrece s'en est allé
en fumée ie n'ay plus rien à demander. D.
Ses vers sont si forts, & si puissants, & les

plaintes qu'il fait semblent si vrayes, & si generalles qu'ō en peut bien estre touché. L. Comme nousauonsopposé des raisons aux raisons, & des exemples, **aux exem**ples : il faut opposer des vers à ses vers, & profiter de l'aduisd'vne illustre personne, qui joint à la grandeur de sa naissance vn courage encor plus grand, la haute conduite à la ieunesse ; & qui n'a de son sexe que la beauté. D. Vous estes du sentiment des Platons & des Socrates qui tiennent que les esprits n'ont point de sexe, & que les femmes sont capables comme les hommes, des sciences & des vertus. Ie sçay qui vous voulez dire : mais quel a esté son aduis. L. Pour ce, disoit elle, que l'on retient les vers mieux que la prose, & que leur mesure & leur cadance ont vne espece de charmes ; quelques éclaircissements que vous ayez faits sur ces difficultez du Poëte, quelques preseruatifs, que vous ayez apportez par vos obseruations en marge, Car vous sçauez comme i'y ay trauaillé; Il faut faire parler les Muses Sacrées, contre les Prophanes,

& confondre le babil de celles-cy, par l'e-
loquence de celles - là. D. Y auroit-il
moyen de les entendre? L. I'allois vous
demander audience pour elles, & pour
moy.

Si Dieu ne presidoit à l'Empire du Monde,
Vray Iupiter au Ciel, vray Neptune sur l'Onde,
En cent Climats diuers verroit-on le Soleil
Dispenser sa Lumiere auec tant de Conseil,
Que suffisant aux vœux de toute la Nature
Soit qu'il soit couronné de feux & de verdure,
Soit qu'vn Hyuer glacé s'oppose à ses rayons
Il fait naistre en tous lieux, tout ce que nous voyõs:
Et la rapidité de sa course auancée,
Qu'on ne peut comparer qu'au vol de la pensée
Ne sçauroit empescher que ses pas mesurez
Ne marquent la cadence aux Palais azurez?
Verroit-on ces Forests dont la superbe cime
Voisine autant le Ciel que leur pied fait l'abysme;
A leurs fiers habitans ne donner point congé,
Qu'au fonds de l'Occean, le jour ne soit plongé,
De peur qu'aueuglement ils declarent la guerre
Aux innocentes mains qui cultiuent la terre?
Que si l'on veoit tomber des rapides torrents

Et plus fiers que Lyons aux Campagnes errants
Rauager en vn jour tout ce que l'an nous donne
Et paſſer en fureur les fureurs de Beltonne ;
Ce malheur qui nous rend le jour meſme odieux
Arriue peu ſouuent, il frappe peu de lieux,
Et n'oſte point l'éclat à Ceres couronnée
De tant d'autres Eſpics, richeſſes de l année.
La Vipere, l'Aſpic & tant d'autres Serpents
Monſtres gros de venin, ſur la terre rampants
Dãs les vaſtes deſerts cachẽt leur trouppe infame,
Portent au meſme temps le mal & le dictame,
Et nous offenſent peu, s'ils ne ſont offenſés
Par la fatale erreur de nos pas inſenſés.
O miracle eternel! ces plantes venimeuſes
Et par tes Arts, Medée, autresfois ſi fameuſes
Trouuent des Animaux ſans prudence prudents,
Qui ne redoutent point leurs triſtes accidents,
Qui ne faiſant que naiſtre, & loin d'apprentiſſage
Diſcernent ce qui fait le bien, & le dommage,
Et dont le ſage inſtinct n'eſt jamais empeſché
A juger du treſpas ſoubs leur fueilles caché.   (ble,
Pourquoy nommer le foudre & ſon traict execra-
S'il n'eſt point d'innocent, ſi chacun eſt coupable?
S'il frappe juſtement, quoy qu'il puiſſe aſſaillir,
S'il peut nous perdre tous, & ne peut pas faillir,

Tant

Tant nous auons du Ciel la iustice irritée!
Dites nous donc où fuit la vertu mal-traitée?
Et qui n'est qu'vn phantosme, ou qui trouue chez
De quoy brauer le sort & luy faire la Loy.   (soy
Elle n'admire point la fortune trompeuse,
Qui bastit aux meschants vne prison pompeuse,
Ou leurs foibles esprits esclaues de leurs sens
Font pour leur liberté des efforts impuissants,
Et sans cesse agitez du remords de leurs crimes
Sont de leurs passions les premieres victimes,
Craignent autant d'humains qu'ils en ont fait
      souffrir,
Et ne scauent jamais ny viure, ny mourir.
Il ne faut accuser que leur malice extréme,
Si l'homme porte vn cœur cruel à l'homme méme;
Si la guerre à longs cris sort des gouffres d'Enfer,
Et vomit parmy nous & la flame & le fer.
Le Ciel en est absous, dont souuent la iustice
En leur propre triomphe establit leur supplice,
Fait descendre en frayeur leur gloire au monumét,
Et ne les peut souffrir heureux impunement.

D. Quoy que vous m'ayez assez mal-me-
né jusques-icy, la beauté de ces vers fait
que ie vous pardonne tout. L. Allons
                    f

nous en donc en Paix, aprez auoir remer-
cié les Muses, qui nous ont remis bien
ensemble. D. Vous ne voudriez pas faire ce tort à Theoclée, qui vient à nous à
grands pas. L. Il me semble plus grand
& plus majestueux que de coutume, & à
sa couleur haute, à ses yeux clairs, & lui-
sants, à son port & à sa démarche, si nous
estions au temps des premiers Poëtes, ie
dirois qu'il seroit plein de quelque Dieu.
D. L'esprit de l'homme est vne Deité domestique, & familiere; comme a dit quelqu'vn de nos deuanciers; Car, ô braue
Lisis, on nous mettra l'vn de ces jours au
rang des Philosophes modernes. L. Et
Theoclée a l'esprit si éclairé, si puissant,
& si admirable, qu'il est comme vne Diuinité parmy nous. Qu'il nous va découurir de Mysteres ! Qu'il nous va éleuer
l'ame ! Qu'il la va remplir de saintes &
de sacrées fureurs ! Nous en serons espris
en l'escoutant, comme on a dit de ceux
qui lisent Homere : & peut-estre qu'à nostre tour nous pourrons prophetiser.

SECONDE
PARTIE.

THEOCLE'E. Ie vous ferois excuſe de m'auoir ſi long-temps fait attendre, ſi l'on en auoit beſoin entre amys : ou ſi quand Liſis eſt quelque part, on trouuoit quelqu'vn à redire. D. C'eſt le plus agreable, & le plus grand trompeur du monde. T. Il eſt vray que la belle Poëſie où il reüſſit excellemment, & qui n'eſt pas ſeulement pleine de parolles, mais pleine de choſes, eſt ſouuent vne tromperie ingenieuſe & ſçauante. D. Il trompe en vers & en proſe, & vous ne voyez icy ny arbres, ny fleurs, ny fonteine, ny terraſſe, ny antre, ny creux de terre, qu'il n'ayt employé à me fourber. T. Il jura bien hier chez Sophie, qu'il ſe vangeroit de

I. SEC-
TION.
Quelle
opinion
Epicure
a euë des
Dieux,
& ce
qu'il a
eſcrit de
la Proui-
dence.

f ij

vous, mais ie croyois que ce feroit à force
ouuerte, & non pas par fupercherie. D.
Il fe fert auec auantage de toutes les deux.
T. Comment, & pourquoy le traittez-
vous de la forte? Expliquez vn peu cet e-
nigme, & parlez plus clairement. D.
I'auois beaucoup de difficultez à vous
propofer, pour m'inftruire auprez de
vous, car il ne m'arriuera plus d'y difputer de ma vie : mais par vne malice qui ne
fe peut affez exprimer, ce Lifis en me pro-
menant de tous coftez, & me faifant parler icy d'vne chofe, & là d'vne autre, m'a
fi fort embaraffé en mes difcours, que par
mes propres fentiments i'ay efté ie ne fçay
comment conuaincu, que tout ce qu'E-
picure prend pour defaut dans le monde,
y tient lieu de perfection. T. Vous me
racontez vn art admirable de Lifis. L.
Il ne faut pas vous arrefter dauantage.
Sçachez, ô fage Theoclée, que le grand
refpect qu'a Damis pour nos Souuerains,
luy a fourny des raifons pour me prouuer
que les mauuaifes herbes de ce jardin n'e-
ftoient pas inutiles, que les endroits les

plus arides, & les plus abandonnez y
auoient leurs graces, que l'inegalité du
chaud & du froid qui s'y partagēt felō les
lieux eſtoit plaiſante, que le Parc où l'on
tient les beſtes ſauuages y ſert à la magnificence, que la Gallerie, où ſont dans les
cabinets des curieux tant de corps de
Monſtres, eſt peut eſtre ce qu'il y a de plus
merueilleux à Paris, & que ces maiſons
ſuperbes des Partizans de la fortune, que
l'on deſcouure de la haut, outre qu'elles
ſont d'vn grand ornement à la ville, ne
doiuent point exciter d'enuie, ny d'indi-
gnatiō en l'ame duSage, lequel habite en
ſoy-meſme comme les Dieux : Qu'aprez
il n'a pû deffendre ſon Lucrece, ny ſon
Epicure, ny blaſmer en la diſpoſition du
monde ce qu'il auoit tant loüé en ce lieu-
cy. T. Il n'eſt pas malaisé de vous accorder. Le plus grand bien que l'on puiſſe
faire à vn homme d'eſprit & de ſçauoir,
c'eſt de le tromper de la ſorte. D. Voudriez-vous point me tromper auſſi? T.
Non. Ie n'entends pas ces agreables de-
ſtours des Academiques. Ie ſuis de ceux

qui appellent, comme dit le Prouerbe
des Grecs, chaque chofe par le nom qu'elle a. D. C'eſt que le contraire n'eſt pas de
la Majeſté des ſujets dont vous traitez ordinairement: C'eſt que ces longues indu-
ctions, & ces demandes coupées inter-
rompent trop le diſcours, ne s'accordent
pas à l'impatience de la pluspart qui veulent veoir d'abord la raiſon deciſiue de la
queſtion: laſſent & rebuttent ſouuent par
des repetitions ennuyeuſes. Car, comme
diſoit dernierement vn homme d'affaires. Socrate pouuoit en deux mots faire
veoir au jeune Alcibiade, que s'il faut
auoir des Maiſtres pour reüſſir en quelque
Art que ce ſoit, on en doit bien auoir
pour apprendre la Politique; ſans faire vn
liure d'vn petit aduis & laiſſer le plus
beau, & le plus aymable des Grecs ſans
rien reſoudre. Cette Methode eſt bonne
contre les Sophiſtes afin de prendre pour
duppes ceux qui croyent dupper tout le
monde; encore eſt-ce pluſtoſt jeu que raiſonnement. L. Voyla comme pour me
faire injure on en fait au bon Socrate, &

comment sans respecter l'antiquité, on attaque le diuin Platon en la personne de Lisis. T. Les grands Philosophes n'vsoient de cette surprise qu'auec le vulgaire, & les faux sçauants, ce qui n'a pas esté remarqué par ceux qui disent que leur science est de prouuer qu'on ne sçait rien, & que de là est venuë l'Academie, & le Pyrrhonisme encore si vous voulez : parmy leurs amis ils se declaroient ouuertement, & soit qu'ils traitassent de la nature de l'homme, ou de celle de l'Vniuers, de la Politique, ou bien de l'œconomie, des passions, & des vertus, ils estoient absolument dogmatiques, & ne doutoient qu'aux points qui par leur propre grandeur, ou par la foiblesse humaine ont besoin d'vne plus haute lumiere que celle qui nous est prestée par les Sciences & les Arts. Lisez le Timée, les Liures de la Republique, & des Loix, le Parmenides, & les Epistres de Platon, & vous trouuerez ce grand Maistre en la compagnie des Muses, & des Graces, aussi Dogmatique que son Disciple ; mais plus

eſtendu, & plus abondant, plus doux,
plus delicieux, plus grand, plus maje-
ſtueux, plus diuin. Mais n'eſtes vous
point laſſez l'vn & l'autre d'auoir tantoſt
fait tout le tour de l'Vniuers, ou vous
auez recogneu tant de marques de la Prouidence, ſoit parmy les glaces de Scythie,
ſoit parmy les ardeurs des Ethiopiens? Et
puis qu'on eſt plus ſage quand on eſt aſſis
& que nous auons tant beſoin de ſageſſe
pour recognoiſtre celuy qui en eſt l'Autheur : Vous plairoit-il point de vous
ſeoir à l'ombre de ces tilleuls & de ces
freſnes qui exhalent vne ſi douce odeur,
& où l'on peut ſe repoſer en ſeureté ? D.
Nous ſommes tout preſts à vous eſcouter, & comme du grand Pontife d'Apollon & des Muſes, nous eſperons d'oüir
de voſtre bouche des choſes, qu'on n'a
point encore entenduës. T. Ie ne ſuis
venu icy que pour eſcouter Damis, &
pour luy demander premierement, car il
veut bien ie croy continuer le diſcours
que nous fiſmes dernieremēt ſur les principes d'Epicure, par quelle Philoſophie

ce

ce grand homme a creu des Dieux, s'il a
nié leur Prouidence? Il semble que tout
ce qui les a fait croire, est la conduite des
choses à leur fin, l'ordre des mouuements
celestes, & des principales parties de l'V-
niuers. Les premiers hommes n'ont peu
comprendre comment sans vne assistan-
ce Diuine la terre, que l'on tient pour le
premier froid, se feroit d'elle mesme egallement placée au milieu des Cercles du
Ciel, qui n'est que lumiere & que feu;
n'y comment elle feroit si iustement ba-
lancée entre les airs; Pourquoy, & par
quelle heureuse necessité le Soleil qui est
vn si grand corps, se meut si rapidement
& si regulierement au tour d'Elle, & à
son imitation tous les Astres, qui n'ont de
flame & de vertu que pour la rendre plus
belle & plus abondante? Ou bien si la
Sphere de Copernic est veritable, pourquoy, & par quelle fatalité le Soleil est
eternellement au centre du monde; tandis que la terre tourne auec tant de rapidité & de regularité tout ensemble que
les sens ne peuuent aperceuoir ses mouuements, & que l'esprit en est estonné?

Pourquoy, & par quel Empire le feu &
l'eau, la terre & l'air ont pacifié leur vieilles querelles, & se sont vnis dans le grand
& le petit monde; Si les Natures auoient
pû s'épandre dedans vn vuide infiny, &
si la pluspart estant d'inclinations contraires, elles n'auoient en quelque sorte
esté contraintes de s'assembler ? Si bien
que l'admiration, & non la crainte, quoy
que vostre Lucrece ait voulu dire, princi-
palemēt à l'esgard des ames genereuses&
raisonnables; La cognoissance des causes,
& non la terreur de leurs effects a fait premierement cognoistre Dieu. D. Seneque oppose ie ne sçay quoy de semblable. On pourroit toutesfois respondre,
mesme selon les plus habiles Theologiens, Que Dieu se cognoist en trois manieres : par le sentiment imprimé de la
Nature, qui a obligé les Nations, pour
ignorantes & barbares, pour diuisées
qu'elles fussent & de Coustumes & de
Loix à s'accorder en la recognoissance
d'vne Nature Superieure. Secondement
par ce que vous venez de dire. En fin,

par les Oracles, & les Liures diuinement
inspirez. A Epicure qui estoit fort naturel, il suffisoit des impressions de la Nature. T. Cela ne suffit pas, ce me semble,
pource que ce sentiment de Dieu, qui fait
par exemple, qu'en de subites afflictions
nous le reclamons souuent contre l'inju-
stice, & la violence est bien graué en nos
cœurs par la Nature, mais c'est toûjours
supposé vne Majesté juste, & puissante
qui ne laisse pas le crime impuny. D. Vostre raison est subtille, & forte, mais tant
comme dit le Poëte, ont receu le Diades-
me pour prix de leurs meschancetez,
qu'Epicure a peu douter, que le Ciel se
mesla de les punir; & quelque exclama-
tion que l'indignation face faire contre
les Tyberes, & les Herodes, ils n'ont pas
laissé de mourir dans la Pourpre, & sur le
Throsne. T. La vie malheureuse, quoy
qu'esclattante, de ces deux Princes, les
inquietudes, les chagrins, la fureur, & le
desespoir où les jetta la conspiration de
leurs fauoris, & la haine de leur propre
estat, leur maison Royalle pleine de

meurtres & de fang, d'empoifonnemēts,
& de trahifons eft vne mauuaife preuue
de la mefchanceté impunie. Outre que ce
n'eft pas là le fondement d'Epicure contre la Prouidence Diuine. Ce Philofophe
qui croit, & cecy eft tres-remarquable
pour conuaincre de folie ceux qui parlent
de luy fans le cognoiftre, Ce Philofophe,
di-je, qui croit qu'on ne peut viure heureufement fi on ne vit honneftement, iuf-
ques-là qu'il deffend à fes Difciples de
toucher à la femme d'autruy de peur de
bleffer la focieté ciuile, doit croire auffi
par la reigle des contraires que fi l'on vit
injuftement, on vit malheureufemēt. D.
C'eft ce qui me faifoit vous dire dernierement que le partage inegal des biens de
fortune n'a donné lieu de plaintes qu'aux
foibles Epicuriens de noftre Siecle, que
l'ame forte d'Epicure auroit honte d'a-
uoüer pour fes Sectateurs, & contre les
preuaricateurs qui le deshonnorent, on
pourroit employer la plus belle partie de
fa Morale. T. Ce grand Maiftre auroit
raifon, la felicité, & la mefchanceté ne

demeurent p int enſemble & c'eſt faire
vn combat de parolles, & deſtruire l'vne
par l'autre, de s'enquerir pourquoy il y a
des meſchants, heureux. Ils ſont fortu-
nez, & miſerables. Ils ont tout, hormis le
bonheur; c'eſt à dire, horſmis la tranquillité. Donc ſa grande raiſon d'Epicure,
quand il dénioit la Prouidence, eſtoit
de peur de donner trop d'affaires à ſes
Dieux, & de troubler leur repos. D.Au
moins Lucrece le dit ainſi :

La Nature des Dieux doit iouyr en ſoy-meſme
De l'immortalité de ſa gloire ſupréme,
Et ſans porter ſur nous ny les yeux ny les mains
Viure au deſſus du Ciel loin des troubles humains.
La cholere, l'amour, la douleur, & la crainte,
A leur ſacré repos ne donne point d'atteinte;
Et ſoit qu'on leur preſente ou refuſe l'encens
L'offrande & le refus ne touchent point leurs ſens.

Voylà quelle eſt ſa raiſon. T. Que ie
n'ay jamais bien compriſe. Car s'il faut
raiſonner par analogie du ſenſible à l'intelligible, comme Epicure l'a enſeigné.

Sans haine, sans enuie, sans interest, sans
esmotion les bons Iuges ne font tous les
jours que condamner, & qu'absoudre, &
quand ils ont descouuert & puny vne
malice noire, ou deffendu le foible de
l'oppression, ils en sont rauis de joye, bien
loin d'en estre chagrins; pourquoy donc
la Deité, sage & puissante, & qui selon
Epicure n'a ny vne ame ny vn corps im-
parfaicts, comme sont les nostres, sera elle
accablée sous le faix, si vne fois elle prend
soin de ses ouurages? O Dieu, qu'est-ce
que le monde si on te l'ose comparer : le
finy auec l'infiny : c'est à dire, vne petite
maison entre les mains d'vn grand œco-
nome, vne famille est encore moins, à vn
Politique accoustumé de conduire des
Peuples entiers. D. Epicure qui n'a rien
creu de réel que les corps n'auoüeroit,
peut-estre pas, que la Deité fut d'vne
force & d'vne puissance infinie. T. Il est
vray, les Dieux sont corporels selon vostre Philosophie. D. Ils ont des corps, ou
comme des corps, puisqu'outre le vuide,
les corps, & ce qui resulte de leur vnion,

õn ne peut pas feulement conceuoir vne
autre nature. C’eſt ce qu’Epicure enſeigne poſitiuement.

Rien n’eſt dãs l’Vniuers que le vuide ⁊ les Corps,
Et ce qui ſe fait d’eux par diſcordants accords.

dit l’Interprete du Philoſophe, lequel
croit d’auantage, que ſi l’ame eſtoit in-
corporelle elle ne pourroit rien faire ny
rien ſouffrir. Quelle ſeroit donc la felicité des Dieux s’ils eſtoient incorporels? car
ſi la felicité n’eſt point ſans plaiſir, ou pluſtoſt ſi elle eſt le plaiſir meſme: ne leur faut
il pas de ſens pour la gouſter ? Homere,
qui a eu quelques doutes, & quelques
ſoupçons legers de noſtre Philoſophie,
inſinuë en quelque part cette opinion
touchant les Dieux. Il fait couler de la
main de Venus, bleſſée au ſiege de Troye
du ſang, à la verité, mais du ſang immortel & diuin, ou pluſtoſt vne liqueur celeſte & & ſacrée, pource que les Deitez qui
ne ſe nourriſſent point comme nous, n’õt
point auſſi d’humeurs pareilles aux no-

ſtres, & ſont exemptes, de mourir. T.
Les corps des Diuinitez ſont-ils compoſez d'atomes? D. Comme tout le reſte;
ou bien il y auroit d'autres principes que
les atomes, & le vuide, d'autres natures
impaſſibles, & independantes: ce qui re-
pugneroit à nos maximes. T. Et il y a
du vuide entre les parties qui compoſent
ces corps diuins? D. Il y en a; puiſque le
vuide, & les atomes ſont les principes de
tout. T. Tout corps, comme vous ſçauez, ſe peut reſoudre aux parties, qui le
compoſent, & l'amas des atomes, comme vous diſiez dernieremēt, ne peut ſubſiſter eternellement, de meſme ſorte: ils
ſont trop inquiets, & trop mobiles pour
demeurer toûjours en repos. D. Il eſt vray;
mais que voulez vous conclurre? T. Que
les Dieux d'Epicure, quoy que deſchar-
gez des affaires humaines, ne ſont point
ſi heureux, ny ſi tranquilles qu'il s'imagine; Ils ne ſont point ſans apprehenſion, &
ſans crainte de cette derniere ſeparation
d'atomes, qui eſtants vne fois eſpandus
par le vuide, ne ſe raſſembleront jamais.
Ainſi

Ainſi, dit ce Philoſophe, les parcelles, qui compoſent l'ame eſtant vne fois eſparſes ne ſe pourront reünir de tous les Siecles; autrement nous pourrions eſtre , aprez n'auoir plus eſté : c'eſt à dire, que la reſurrection ſeroit poſſible naturellement. Ypotheſe pourtant qui peut eſtre tirée de l'Epicuriſme : Car pourquoy le meſme hazard qui a jadis reüny les petits corps dont furent faits Pythocles, & Metrodore ne les pourra il pas vn jour raſſembler? D. Pourquoy? T. Pource que rien ne ſe pert en la nature , & que dans vn eſpace ſi grand & ſi libre les atomes ſe meuuent inceſſamment. L. Iuſques icy ie ne vous ay point voulu interrompre ; mais des principes de l'Irreligion , & de l'Impieté meſme vous tirez ſi miraculeuſement des conſequences chreſtiennes, & religieuſes, que ie ne puis plus ſuſpendre l'effet de l'admiration, que i'ay pour vous. T. Dauantage, ô prudent Damis, les Dieux Epicuriens ayans eſtably leur ſejour entre les mondes innombrables, qui ſe renuerſent les vns ſur les autres, & dont le

h

fracas eſt épouuentable, comment peuuent ils ſouſtenir, ſans vne extreme inquietude, la peſanteur de tant de maſſes tombantes autour d’eux, & peut eſtre deſſus leurs teſtes? Car le hazard ne les cognoiſt pas pour les reſpecter. L. Adieu ma felicité, & cette belle tranquillité des Natures Superieures. D. I’ay bien preueu d’abord toutes ces ſuittes; & ſi ie n’eſtois franc, & ſincere cherchant par tout la verité, & ne la deſguiſant jamais, j’aurois bien dit, comme la pluſpart, que les Dieux Epicuriens ne ſont point compoſez d’atomes, qu’ils ont des ſens ſans eſtre ſenſibles, & que leur nature n’eſt viſible que par la penſée. Mais outre qu’en cela il m’a ſemblé qu’Epicure ne ſeroit pas bien d’accord auec ſoy-meſme, ie n’ay pû jamais deuiner, d’où ces Dieux Monográmes, comme il les a, ie croy, appellez en ſe iouant pouuoient venir, ny par quelle neceſſité on eſtoit obligé de les recognoiſtre. L. Si bien que vous aduoüez tout franchement, que voſtre bon Philoſophe n’auoit pas grand ſenti-

ment des Dieux. Quand il s'est voulu diuertir, dit en quelque lieu le plus élo-
quent des Romains, il leur a, comme entre deux bois sacrez, marqué leur apparte-
ment entre les espaces des mondes qui
tombent les vns sur les autres : Il leur a
donné des membres, comme aux hommes & leur en a osté l'vsage; Car il ne dit
nulle part qu'ils engendrent, ny soient
engendrez, il les a faits transparents, dé-
liez, superficiels : cela s'appelle qu'il a pris
le destour pour les nier plus couuertemēt.
D. Cela pourroit bien estre. T. Que diriez vous si par vn passage precis, & for-
mel d'Epicure ie vous fay veoir que non
seulement il a creu vne Deité; mais qu'il
a mesme recognû sa Prouidence ? D.
Qu'Epicure luy - mesme n'en pourroit
douter puisque les sens sont infaillibles,
& qu'il faut estre fol pour mettre en doute ce que l'on veoit.   T. Premierement,
c'est en l'Epistre à Menecée, il est certain *Diog.*
qu'il y a des Dieux : Mais il faut bien *Laërt. en*
la vie
prendre garde, d'attribuer à Dieu, remar- *d'Epicu-*
quez, lequel est vn estre immortel & bien *re.*

h ij

heureux, aucune qualité qui repugne à son immuable felicité. Non, celuy n'eſt point impie, qui ne croit pas cette foule de Dieux, que la plus grande partie des hommes imagine, & ne vit jamais : mais celuy qui croit d'eux des choſes indignes, & baſſes. Les Dieux enuoyent à ces Prophanes qui les deshonnorent par leurs fauſſes opinions des calamitez ſans nombre, & comblent de biens au contraire les bons & les ſages. En voicy la raiſon; pource qu'ils ayment leurs ſemblables, & croyent que ce qui n'eſt pas conforme à la vertu, n'eſt pas auſſi conuenable à leur nature. Seneque, Epictete, & Platon meſme ne pourroient pas parler plus diuinement. Tu es Religieux Epicure au fonds de l'ame, pour ce que la Nature ne ſe peut totalement dementir. C'eſt dommage ſeulement que tu ne puiſſes dire ce que tu dis ſans eſtre contraire à toy meſme. D. Epicure n'auroit-il point parlé ainſi pour ne choquer point les opinions receuës & pour s'accommoder à la croyã-ce commune. T. Le genre de ſa vie ſe-

paré du peuple & des affaires, loing des
puiſſances, & des aſſemblées, où l'on eſt
quelquesfois obligé de diſſimuler ſes ſentiments; & ce qu'il a eſcrit cette lettre à
vn de ſes plus chers confidents, repu-
gnent à cette calomnie qu'il ait creu autrement, qu'il n'a eſcrit : autrement, ce
n'eſt plus vn Philoſophe, c'eſt vn ſophiſte
qui met le menſonge à la place de la verité: C'eſt vne ame lâche & timide; car pour
mercenaire, perſonne ne luy reproche de
l'auoir eſté, qui par complaiſance au vulgaire, ou par la crainte ſeruile des peines
n'oſe pas eſcrire ce qu'il penſe. Que deuient donc ce Genie fort & genereux, qui
libre de tous préjugez & de l'apprehēſion
des Edits d'Athenes, a le premier comme
vous nous diſiez l'autre jour, entrepris de
chercher la nature en elle meſme? D.
Vous me prenez de tous coſtez, & en effect ce texte d'Epicure eſt ſi precis, & ſi
fort, ſon ame eſtoit ſi genereuſe & ſi franche, que ie ne veux pas faire ce tort à ſa
gloire de dire, qu'il eſcriuoit à ſes amys
autrement qu'il ne penſoit: & principale-

ment alors qu'il prenoit le foin de les inftruire. **T.** Le profit que nous pouuons
tirer de fa doctrine, c'eft que Dieu quoy
qu'heureux & immortel a cognoiffance
des chofes humaines ; mais d'vne façon fi
haute, & fi pure, qu'il les gouuerne fans
fe laffer, fans eftre, ainfi que les fuperfti-
tieux le deshonnorent, fujet ny à la cholere, ny à l'enuie : fans efmotion & fans
trouble, comme la lumiere eft prefente à
tout fans fe corrompre, & s'alterer. Autrement cela defcouuriroit en la diuine
Nature la mefme foibleffe & la mefme
infirmité qui eft en nous. Enfin, félon que
les facrez Autheurs nous l'ont appris,
comme. Dieu eft dans le monde fans y
eftre enfermé, eft hors du monde, fans
en eftre exclus ; il eft Iufte & Prouident,
loing des paffions & du tumulte, dont
nos préuoyances incertaines font agitées.
Adioufteray-je vne autre confequence
que i'ay tirée ce matin de voftre Epicure.
Il dit qu'il y a de certains fecrets de Nature que l'homme doit laiffer à la garde des
Dieux, pource qu'il eft comme impoffi-

ble de les comprendre. Sur ce fondement
ne peut on pas dire, qu'on auroit tort de
douter de la Prouidence, pource qu'en la
cõduite des choses il y a quelques mysteres que l'on ne peut pas descouurir? ce qui
me confirme en cette pensée c'est qu'Epicure a fait autrefois vn liure de la Pieté en-
uers les Dieux, ainsi que Ciceron le remarque, où il n'en parle pas moins reli-
gieusement, que leurs Pontifes.

D Laissons là Epicure, & la race des
·Philaïdes, car si ce Philosophe est
de nos amis, la verité est encore plus de
nos amies. Et pour acheuer nostre bon-
heur, si vous n'estes point las de nous
rendre heureux; dittes nous ie vous con-
jure, d'où viennent tant de defauts, &
de corruptions sur la terre, veu qu'vne supreme sagesse a la conduite de tout? T.
le veoy bien que vous ne trouuez pas la
Scene agreable, si elle ne change d'A-
cteurs. Car, Lisis a particulierement

SECT.
II.
Que s'il y a des defauts au monde il y a vne Sagesse qui le conduit.

eſcrit de ces matieres de Phyſique; comme vous le ſçauez mieux que perſonne,
vous l'introduiſez ſur le theatre adroitement.　D. Pourroi-je receuoir quelque
bien de mon ennemy ? T. N'en dou-
tez pas, ces preſents ne ſeront pas comme ceux que les Grecs faiſoient aux
Troyens, ce ne ſera ny pour vous corrompre, ny pour vous perdre. L. Il en
attend d'extraordinaires de vous où j'au-
ray part, s'il vous plaiſt, j'en ſeray plus
riche & vous n'en ſerez pas plus pauure:
non plus que le Soleil, qui donne à tout
le monde & retient toûjours ſa lumiere.
T. Nous demeuraſmes d'accord dernierement auec Damis, qu'il n'y peut auoir
qu'vn eſtre abſolument neceſſaire qui eſt
la ſource & l'origine de tous les autres,
pource qu'il n'y peut auoir qu'vn eſtre
independant. Les choſes rangées releuent
de ce qui les range. Les parties & les differentes eſpeces de l'Vniuers ſont rangées ſi merueilleuſement qu'il a pris ſon
nom de l'ornement que ce bel ordre luy
donne: elles releuent donc d'vn autre que
d'elles

d'elles mesmes, & c'est la souueraine Sagesse que nous pretendons icy, non pas
justifier en ses œuures, car quel sacrilege
de parler ainsi: mais d'exalter autant qu'il
nous est possible, aprez l'auoir solemnelle-
ment inuoquée; puisque comme la clarté
n'est point visible sans la clarté, Dieu n'est
point cogneu veritablement que par la
cognoissance qu'il nous donne. C'est
donc ce Pere des Esprits que ie prie de fortifier les nostres, à fin qu'ils puissent soustenir l'esclat de sa gloire, & qu'au trauers de ces voilles sensibles, les cieux, &
les terres, dont il couure, pour ainsi dire,
sa Majesté à fin de la rendre plus suppor-
table à nos yeux, il nous soit loisible de
l'apperceuoir. Ie feray plus que vous ne
demandez, ô Damis, ie parcourreray, si
ie puis toute la nature : & pour conuaincre pour vne fois tous les incredules; j'a-
uanceray hardiment cette maxime, que
s'il y a non seulement des corruptions sur
la terre, mais des Eclypses au Ciel, des
defauts & des imperfections generalles
par tout : Il y a vne Sagesse absoluë, &

vne puiſſance mеrueilleuſe au deſſus dũ
monde qui le ſouſtient & qui le conduit.
D. Expliquez vous donc vn peu d'auantage : toutes choſes ne ſont pas claires
à tous. T. S'il y a des natures corrompuës, il y a des cauſes qui les corrompent:
il y a des qualitez contraires. S'il y a des
qualitez contraires, il y a differents ſubiets où elles ſont attachées : S'il y a differents ſubiets, & des eſpeces differentes
dont l'vne ayme ce que l'autre fuit, il y a
diuers degrez de choſes ; s'il y a diuers degrez de choſes, il y a varieté & multitude ; s'il y a varieté & multitude auec mutuelle dependance, comme il eſt viſible
en l'impreſſion que les elements reçoiuent du Ciel, les mixtes des Elements &
les animaux des humeurs qui les domi-
nent, il y a ordre ; ſi l'ordre eſt par tout;
ſoit en l'arrangement des cieux & des
aſtres, ſoit en l'eſtabliſſement du feu &
de l'air, des eaux & de la terre, ſoit en
la ſtructure des parties du corps, & l'œ-
conomie des puiſſances animalles ; il y a
partout vne Sageſſe aſſiſtante. Car ſi vne
ſeule ſuffit & ſi le commandement de

pluſieurs n'eſt pas bon, comme diſoit le
grand Homere, pourquoy en cherche-
rions nous dauantage? Concluez, ô Damis, & par là ſatisfaites vous meſme à
toutes vos doutes. Ou bien, ſi vous l'ai-
mez mieux, diſons ainſi, Le monde ne
peut-eſtre s'il n'y a pluſieurs choſes, puiſque le monde eſt vn aſſemblage de pluſieurs natures : s'il y a pluſieurs choſes, il
y a pluralité & multitude : s'il y a pluralité
& multitude, il y a du dechet de l'vnité.
L'eſtre s'affoiblit en ſe diuiſant : Paſſant
par chaque nature commé par autant de
degrez où il laiſſe toûjours quelque choſe
du ſien ; au dernier, cen'eſt plus luy-meſme. Et partant on ne doit pas s'eſtonner
ſi la premiere matiere, qui eſt ſi fort eſloi-
gnée du premier eſtre puis qu'il eſt tout
acte, & qu'elle eſt toute paſſiue n'en eſt
plus que l'ombre & le phantoſme ; ſi elle
eſt le ſubiet de toutes les alterations & de
toutes les corruptions imaginables, commé Dieu eſt la cauſe premiere de toute
perfection & de tout bien? Vous ſçauez,
ce que dit vn de nos Oracles, car l'Ora-

cle n'eſt autre choſe que la voix d'vn
homme choiſy pour nous declarer les diuines veritez, tout don veritable eſt d'en
haut & vient du Pere des Lumieres. D.
Cette diſtribution de l'eſtre, comme
vous l'auez repreſentée, pourroit peut-
eſtre auoir ſa difficulté. T. Ie vous entend,
Damis, ie vous entend. Ce n'eſt pas
que Dieu en ſe communiquãt ſe partage,
car que dirions nous d'vn Dieu deſmem-
bré, comme on a feint d'Ozyris? Non,
non, ce Pere des Lumieres rayonne diuerſement ſur les creatures, & demeure
toûjours lumineux: Mais, de meſme que
la clarté ſe montre plus ou moins à nos
yeux, ſelon que les corps par où elle paſſe,
ſont plus ou moins tranſparents: La puiſſance & la grandeur du premier principe,
ſe fait dauantage, ou ne ſe fait pas tant
remarquer à proportion de ſes ouurages.
Chacun en participe; mais ſelon la Nature qu'il a. Les Natures ſont differentes
en valeur & en beauté, & pas vne ne manque des perfections qui luy ſont deuës ſi
bien que toutes ſont parfaites, quoy que

diuerſement, en leur genre, & cette diuerſité fait le monde. Il faut pouſſer ce
raiſonnement plus loin, & dire : Ou qu'il
n'y doit point auoir de corps, ou qu'ils
doiuent eſtre aſſuiettis à tous les accidents de leur matiere. Qu'il n'y doit point
auoir de Creatures, ou qu'il faut admettre des eſtres finis & dependants. C'eſt
leur definition, c'eſt leur eſſence. Elles
peuuent bien eſtre parfaittes ſelon leur
condition ; mais elles ſont tres-imparfai-
ctes à comparaiſon du ſouuerain Principe dont elles partent. Il eſt vnique, il
poſſede la plenitude de l'eſtre dont le reſte n'a que des parcelles. C'eſt la ſource
immenſe des ſplendeurs, dont brillent
çà & là, quelques rayons. Que ces rayons
égallent ce diuin Soleil, il ne ſe peut : ils
ſeroient, & ne ſeroient pas auſſi excellents que luy : ils le ſeroient, s'il leur arri-
uoit de l'eſgaller ; & ils ne le ſeroient pas,
puis qu'ils ſeroient effects ſeulement &
non pas cauſe premiere de tout. Dieu
donc hors de ſoy ne pouuant auoir de
ſemblable : ou il deuoit demeurer toû-

jours en luy-mesme sans se communiquer jamais, ou les choses doiuent estre comme elles sont. Par exemple le Ciel inalterable, la Terre pleine d'alterations; l homme composé de corps, & d'ame, l'air humide & chaud, la matiere pure puissance passiue, source de corruption & de desordre:où il ne falloit point créer de terre & de matiere , point d'hommes, point d'élements, point de cieux. Mais il vaut bien mieux que les choses soient imparfaittes à l'égard de leur Autheur,quoy que parfaittes selon leur Nature, que de n'estre point du tout. Ce qui est admirable : c'est que les defauts qui se rencontrent soit en leur essence,soit en leurs operations seruent à l'embellissement du tout, quand ils semblent alterer vne partie, & que par les desordres, & les corruptions du monde, celuy qui le gouuerne s'est reserué le secret de le reparer incessamment. D. Les orages & les tempestes y sont, peut-estre, fort propres,& il est de la bonté supréme de ne les pas destourner ? T. Il n'est pas difficile de vous

répondre.   Dieu agit auec les chofes felon leur nature, laquelle, puis qu'il en eft
l'Autheur, il n'a pas garde de deftruire.
Or la nature & la puiffance du Soleil ne
feroient-elles pas abolies, s'il n'enuoyoit
par tout fa lumiere, fi par reflexion de fa
lumiere, il ne produifoit la chaleur, & fi
la chaleur eftant produitte, elle n'attiroit
les exhalaifons & les vapeurs ? Les vapeurs éleuées, & efpaiffies par le froid de
la moyenne region de l'air portées par les
vents d'vn cofté plus que de l'autre feroient violentées, contre leur inclination naturelle, fi on les empefcheoit de
tomber. Si quand le feu s'eft pris à vne
matiere combuftible, il eftoit empefché
de bruler; fi le carreau du foudre eftant
formé par vn concours de plufieurs caufes naturelles qui le produifent neceffaire-
ment, Dieu l'empefcheoit de corrompre
ce qui de foy eft corruptible; Enfin fi dans
le combat des qualitez contraires le plus
fort ne deftruifoit le plus foible, tout l'ordre du monde feroit troublé, & le Ciel,
ny les élements n'agiroient, ny ne fouf-

friroient plus felon leur vertu & leur matiere. Ou bien il n'y doit rien auoir de corruptible en l'Vniuers, & partant point de
monde elementaire. Ie diray plus : puifque le monde Celefte fenfible ne poffeder de vertu ny de lumiere que pour mefler les élements, & feruir à la generation
des corps meflez ; puifque fa lumiere feroit vaine, s'il n'y auoit point d'yeux pour
la regarder ; & le paffage du Soleil par les
fignes du Zodiaque tres-fuperflus ; s'il ne
faifoit les Saifons pour ayder aux productions fub-Lunaires & faire cognoiftre
aux hommes l'intelligence qui le meut :
N'eft-il pas vray encore, que s'il n'y a
point de natures qui s'engendrent & qui
en fuitte fe corrompent on n'a que faire
de Cieux ; & s'il n'y a point de Cieux &
d'élements où fera le monde ? Voyla où
va la Nature. Par ce que vous appellez
corruption : elle fait tout fubfifter. Son
deffein en agiffant n'eft pas de corrompre ; c'eft de produire. Elle meffe à cét effect le fec & l'humide, & tempere le froid
par la chaleur. Ce meflange eft requis à
l'introduction

l'introduction des formes qui agiſſent
aprez ſelon leurs principes, & ſelon la diſpoſition de la matiere, laquelle ſans la
puiſſance qu'elle a de les receuoir toutes
ſucceſſiuement, outre qu'elle ne ſeroit
pas matiere premiere, ne ſeroit pas auſſi
reueſtuë, ſelon les temps, de cette belle
varieté ſans qui le monde ceſſeroit d'eſtre
monde. Liſis nous diſoit dernierement
d'excellents vers ſur ce ſubiet. L. Voicy
ceux dont ie me ſouuien :

De ces varietez nature curieuſe
A changer l'Vniuers ſe monſtre ingenieuſe
Rien pourtant ne s'y pert, & tant de nouueautez,
Nous cachent ſeulement ſes premieres beautez,
D'autres Soleils viendront les ramener au monde,
Ainſi dans noſtre Seine vne onde emportât l'onde,
Aux abyſmes des Mers precipite ſon cours,
Et le Fleuue demeure en s'écoulant toûjours.

C'eſt vne partie de ce que j'ay employé
quelquepart, à prouuer l'Art de la Nature en la ſubſtitution, pourainſi dire, qu'elle fait de ce qui naiſt en la place de ce qui

k

perit. **T.** Il y a deux genres de chofes: Les incorruptibles & les corruptibles. Les premieres, pource qu'elles ne font point fubiettes à fe corrompre, n'ont point auffi la vertu d'engendrer. Les autres, pource qu'elles font tributaires du temps, qu'elles font aujourd'huy, & ne font pas demain, engendrent leurs femblables, & fe perpetuent en ce qui vient d'elle. Car, comme a dit quelqu'vn des Anciens, l'Amour qui eft vn defir d'immortalité repare en la mer, en l'air, & fur la terre les ruines que fait la mort ; & la Nature qui l'a infus en toutes chofes ne l'y laiffe jamais oifif. Que vous en femble Damis? **D.** Il me le femble pareillement. Mais que dy-je ! ie fuis rauy de ce progrez de ratiocinations fi bien pouffées, & fi bien fuiuies. Et conçoy mieux que jamais cette haute Theologie, que dernierement chez l'incomparable Sophie où vous difcouruftes fi fortement & fi abondamment, j'auois tant de peine à goufter. **T.** Je ne fçay pas dequoy vous voulez parler. **D.** De la diuerfe communication que

Dieu a faite de foy-mefme, en demeu-
rant toûjours ce qu'il eftoit; Si le paffé ou
le futur peuuent eftre attribuez à celuy
qui fans vne fucceffion de temps & diftinction de parties, eft foy-mefme l'éternité.
T. Il m'en eft refté quelque idée : c'eft
peut-eftre quand ie difois, que fi les hommes pouuoient égaller leur penfée à toute
l'eftenduë de la Nature, & en penetrer les
rapports & les liaifons, alors ils verroient
non pas les Parques, comme difent les
Platoniciens, mais les Graces infepara-
bles compagnes de la beauté, prefider fur
toutes les Spheres, & là, mariant leur
voix à celles des Mufes Celeftes, par vne
harmonie admirable, celebrer l'vnité
tres-fimple, & fur-eminente du premier
beau, reprefenté aucunement par cette
grande multitude d'eftres qui compofent
le grand Vniuers. C'eft de cette vnité incomprehenfible, qu'eft forty ce nombre
merueilleux de Creatures qui fe multiplient inceffamment, & dont chacune
participe, à fa façon, de l'infinité de fon
Principe:les vnes plus & les autres moins
k ij

parfaittement, pour ce que pas vne n’eſt
capable de repreſenter ſeule toute ſa grandeur. C’eſt de là qu’eſt émanée la diuerſité, de la diuerſité & multitude bien rangée eſt venu le monde. N’eſt-ce pas, ô
ſçauant Liſis, voſtre croyance , & nos
Philoſophes ſont ils trompez quand ils
nous en parlent ainſi? L. Il ne ſe peut rien
adjouſter à vos ſublimes penſées que ie
reſpecte, & que ie n’examine pas. Vous
nous l’auez prouué demonſtratiuement.
Le môde ne ſeroit point, comme il eſt, vn
aſſemblage de pluſieurs eſpeces, de cieux,
de terres, & de mers, ſi la terre auoit ce
qu’a la mer, la mer & la terre ce qu’ont
les cieux. Chaque choſe doit auoir la perfection conuenable à ſa Nature & non
pas celle d’vne autre, ou bien toutes choſes ne ſeroient qu’vne. On ne peut dire
que le manquement de veuë ſoit defaut
en vne pierre, non plus que d’eſtre mortel
à l’homme : pource que ſelon la place
qu’ils tiennent au monde il ſuffit que chacun d’eux ait tout ce qui luy eſt neceſſaire. Le ſentiment n’eſt point deub aux

pierres, ny à l'homme, l'immortalité. La matiere ne peut eſtre que ce qu'elle eſt, ou elle ne ſeroit pas matiere, & Dieu peut créer à l'infiny des choſes toûjours plus parfaites que celles qu'il a vne fois creées; mais, comme vous diſiez tantoſt, rien ne peut eſtre creé d'égal à luy.

T Voila me rendre à moy-meſme plus heureuſement que ie ne pouuois m'imaginer. Mais laiſſerez vous Damis ſans le ſatisfaire : S'il a trouué à redire auxEclypſes qui n'arriuent que rarement & qui durent peu, où pluſtoſt ſi ceux de la Secte qu'il a autresfois profeſſée, car il n'eſt plus Epicurien, n'ont peu ſouffrir ſans murmure cette défaillance des lumi-naires : Que n'ont ils point dit de la nuit qui eſt preſque continuelle ſous les Poles & de la longueur de leurs Hyuers? Si l'ombre de la terre qui fait quelquesfois paſlir la Lune leur a donné lieu de plain-tes; que n'ont ils point blaſphemé contre

SECT. III.

Que pour eſtre bien le monde doit eſtre fait ainſi qu'il eſt: & qu'il ne peut eſtre mieux: ſuppoſé l'ordre preſent des cho-ſes.

ces tenebres eternelles. Ne les laiſſez pas
icy ſans repartie, & faittes ce qui eſt digne
de vous, & qui n'eſt pas difficile; plaidez
la cauſe du Ciel. L. Quelle temeraire
& quelle audacieuſe entrepriſe ſeroit cel-
le-là en ce lieu, & en vn temps où nous
pouuons oüir Theoclée : & que me voulez vous preſcrire ? T. On ne vous preſcrit rien : Damis & moy vous laiſſons la
liberté toute entiere de dire ce qu'il vous
plaira, mais nous deſirons vous ouyr. L.
Obeyſſons à Theoclée à la bonne heure:
à condition toutesfois que là où ie pourrois tomber, il me donnera la main; qu'il
me redreſſera dans les longs & penibles
deſtroits où il m'engage, & quand i'au-
ray perdu de veuë la Cynoſure, il empeſ-
chera que ie ne briſe contre les bancs de
ſable & les Rochers. Côme nous diſions
tantoſt que la varieté fait le monde, les
viciſſitudes du jour & de la nuict, la diuerſité des Zones froides & brûlantes,
des douces & des temperées, les reuolutions continuelles de la vie & de ſon contraire, entretiennent toute ſa beauté. Ce

font des accidents inseparables de la nature de l'Vniuers. Pour estre bien il doit
estre ainsi. Prenons les choses vn peu de
plus haut, non pas du temps de Deuca-
lion & de Pyrrha, comme ont accoustumé de dire les Grecs, mais de l'origine, &
de la naissance du monde.

Quand Dieu a voulu donner vne figu-
re au plus parfait de tous les corps, ie croy,
qu'il estoit de sa Sagesse de luy donner la
plus parfaitte, & puis qu'il luy vouloit
imprimer vn continuel mouuement, ce
deuoit estre le plus beau & le plus sorta-
ble. Ce que nous appellons Ether ou
Ciel, cinquiesme essence, comme dit
quelqu'vn des Philosophes, & quelquesfois chez les Poëtes, Iupiter mesme, est
le plus noble & le plus precieux de tous
les corps. Entre les figures & les mouuements, la figure, & le mouuement circulaires sont les plus parfaits; ils sont donc
plus ajustez & plus proportionnez à sa
nature. De cecy tous les Mathematiciens
demeurent d'accord : soit pourceque de
tous les corps Isoperimetres, le Spherique

est le plus grand, & de toutes les figures la plus ample, est la ronde, & partant puisque le Ciel embrasse tout, il deuoit estre circulaire, soit, pource que s'il estoit carré, multilatere, ou triangulaire, quelque corps seroit sans lieu, ou quelque lieu seroit vuide qui sont deux impossibilitez apparentes, il faut donc que pour estre bien, le Ciel soit ainsi qu'il est. Ie sçay, que vos Platoniciens le portent plus haut, & disent, que toute cause ayant pour fin de son action la production de son semblable, autant qu'il se peut ; Dieu infiny, eternel, & preuoyant a fait des cercles Celestes, qui n'ont ny commencement ny fin, qui n'ayant rien de contraire à leur mouuement peuuent le continuer touî-jours, & enuironnant le monde de toutes parts, pouruoyent aussi à ses necessitez de toutes parts. C'est ainsi qu'ils portent quelque image de leur Autheur. On pourroit adjouster & dire, que ces grands Globes qui ne changent jamais leurs cours, ny la place qu'il leur a marquée mobiles selon leurs parties, immobiles

selon

leur tout, ce qui fe doit entendre comme vous fçauez, reprefentent par l'immobilité de leurs Poles fur qui pourtant tout fe meut, l'immutabilité du premier agent qui fait mouuoir chaque chofe. La figure du monde eft donc la plus parfaitte qu'elle puifle eftre, & le mouuement du Ciel autour du centre le plus parfait pareillement. La terre & l'eau ne font qu'vn Globe, & font auffi bien difpofées qu'elles peuuent eftre pour receuoir les femences celeftes de toutes parts, en eftre affiftées en leurs productions continuelles; pour entretenir leur premiere fecondité, & renouueller de temps en temps la face du monde. De la figure & du mouuement circulaire du Ciel, de la rondeur de l'eau & de la terre, il arriue qu'il y a icy bas inegallité de jours & de nuicts, que des pays, les vns font froids, les autres chauds, & tout ce que les ignorants trouuent à redire dans le monde; mais quoy qu'ils dient, il ne peut eftre autrement pour eftre bien. D. Ou il faudroit prouuer que la figure & le mouuement

L

circulaires font imparfaits, toute la Mathematique y repugnant. L. On dira
peut-eſtre, qu'il y pourroit auoir pluſieurs Soleils, cõme il y a pluſieurs Eſtoilles d'égalle grandeur, & qu'ainſi l'Vniuers ſeroit en ſon tout & en ſes parties
eternellement éclairé. Mais ſi le jour duroit toûjours, il n'y auroit point de nuiĉt,
s'il n'y auoit point de nuiĉt rien ne ſe
pourroit engendrer, & toutesfois le cours
du Soleil n'eſt que pour les generations.
D. Ie ne vous entend pas trop bien. L.
Vous ſçauez que ce bel Aſtre par ſa chaleur agiſſante tire les vapeurs & les fumées du centre à la circonference, qu'à
ſa preſence toute la terre eſt comme vn
Autel qui fume, que broyée par la vehe-
mence de ſes rayons, & creuaſſée en mille parts elle ſemble dire à ce Dieu viſible
du monde par les exhalaiſons qu'elle enuoye comme par autant de ſoupirs qu'elle euapore tu ne rejetteras point ce qui
n'eſt deuant toy que poudre & cendre,
ou plutoſt nous le diſons pour elle à celuy
qui eſt le Soleil du Soleil. A la chaleur du

jour fuccede la nuiɛt qui par fon froid humide repouffe les vapeurs & les exhalaifons de la circonference au centre, épaif-
fit les matieres, que le premier feu du
monde auoit dilatées, referre ce qu'il
auoit eftendu, & luy donne la confiften-
ce fans laquelle ny fleur ny metal ne s'en-
gēdreroit. Il faut qu'en toute generation
le temperamment desqualitez fe face des
vnes par les autres, autrement rien ne fe
fait. Et puis, fi comme nous auons dit
tant de fois le monde eft vn affemblage
de plufieurs efpeces, s'imagine-on que
tant de raretez qui nous viennēt du Septentrion & du Midy, tant de fimples &
d'animaux differents s'y rencontraffent,
Si la chaleur & le froid ne differoient de
degrez foubs la ligne, & prez des Poles?
Ou fi vne fageffe tres-magnifique n'auoit
ainfi qu'elle eft, reglé la courfe inegalle
du Soleil? Ne faut-il pas qu'il s'arrefte
plus de temps en vn lieu qu'en l'autre, felon ce qu'il y doibt produire, ou metaux,
ou pierreries; & meurir les bleds & les
fruits? Chaque chofe felon fa nature a

beſoin plus ou moins de ſa chaleur & de
ſa Lumiere affin de s'eſclorre, & l'on ſçait
combien l'or eſt à ſe former. Qui eſt-ce
qui nous donne à voſtre aduis les eſpice-
ries, & les ſuccres auec tant de parfums
exquis, qu'vne parfaite cuiſſon de la terre & de ſon humeur indigeſte, par le
temps que le Soleil prend à la trauailler.
D'où vient que par la Chymie on produit
tant de merueilles de toute ſorte ſinon
que l'on meſnage l'action du feu ſelon
l œuure qu'on ſe propoſe, ſoit diſtillation,
ſoit calcination, ſoit la ſolution, ou la
coagulation des corps. Il en eſt ainſi de la
terre: C'eſt vn alambic vniuerſel. Elle a
beſoin ſelon ſes differentes productions
que le feu Celeſte ſoit plus ou moins autour d'elle. Sa rondeur y contribuë, &
contribuë de plus à la diuerſité des Sai-
ſons. Et puis, ſi elle eſtoit platte, toutes
les regions auroient meſmes Meridiens: il
ne feroit pas pluſtot jour à la Chine qu'en
Eſpagne; le Gange & le Tage verroient
au meſme temps leuer & coucher le Soleil, ils auroient enſemble le jour, enſem-

ble la nuict. Cependant cette diuersité
de jours & de nuicts, ainsi que la diuersité des Saisons sert à l'ordre & à la suitte
des temps, comme l'ordre sert à la gloire
de la Prouidence. Et puis dequoy se peut
on plaindre? La figure ronde de la terre, si
ce n'est que vous aymiez mieux la faire
en ouale, comme Christophle Colomb
l'a demonstré le premier, luy fait regai-
gner en vn endroit ce qu'elle luy fait perdre en vn autre. Il y a des Climats que le
Soleil est quatre mois sans veoir; il est
aprez quatre mois qu'il les veoit incessamment. Car entre les jours finissants,
& recommençants il n'y a que de legers
crepuscules qui ne peuuent pas s'appeller
nuict. Le cercle de position, comme ils
parlent, en donne la demonstration toute
claire. Si la France a des nuicts en Hyuer
de dix huict heures, en Esté elle a des
jours tout aussi longs; & sous la Zone
Torride où le Ciel pour ainsi dire tient la
balance il y a toûjours douze heures de
bien esclairees. Ainsi contez & recontez,
faittes l'addition pour l'Europpe; & la

foubftraction pour l'Affrique vous trouuerez que tout reuient à vn : fi ce n'eft que
cette plus courte, ou plus longue demeure du Soleil fur les Horifons produit vne
infinité de chofes felon les temps, qu'il ne
pourroit pas produire s'il s'arreftoit en
chaque region egallement. Ainfi le monde qui doit auoir de tout manqueroit de
quelque chofe, & ne feroit pas parfait ab-
folument. Cependant plus i'y fonge, &
plus ie trouu: cette compenfation admirable dont ie vous parlois maintenant; &
fuis rauy quand ie penfe que par la difference des Meridiens ce qui eft Orient à
vn Peuple eft Occident à l'autre, & que
felon les diuers Climats de la terre, toutes Saifons fe font en tout temps. Quand
l'Hyuer eft chez nous, l'Efté eft chez nos
Antipodes : quand le Printemps eft en
l'heureufe Arabie, l'Automne eft dans le
Brezil. En fin toutes les diuerfitez du
temps fe font enfemble felon les diuerfes
fituations du Globe terreftre. Ce qui eft
bien plus varié & plus beau, & par la
multiplicité des actions qu'ont les corps

Celeſtes ſur les ſub-Lunaires accomplit
bien plus merueilleuſement le grand œuure de la Nature; que ſi de toutes les Sai-
ſons on ne cognoiſſoit que le Printemps,
& de tous les temps, que le jour. Non,
non quoy que les Poëtes ayent chanté de
leur Siecle d'or

Si Flore auec ſes Lys, & ſes ombrages verds
Loin du chaud des Eſtez, & du froid des Hyuers,
Auoit deſſus la terre vn eternel Empire.

Rien ne pourroit s'exempter de pour-
riture, vne chaleur foible & impuiſſante
comme eſt encore celle du Soleil en cette Saiſon, ne ſeroit pas capable de cuire
parfaittement les humiditez ſuperfluës,
ny d'apporter la maturité neceſſaire aux
bleds & aux vins:outre que la nourriture
des animaux ſe faiſant d'aliments indige-
ſtes deſtruiroit leurs forces au lieu de les
reparer.

Que ſi tout orgueilleux des faueurs de Ceres
L'Eſté chaud & boüillant regnoit ſur nos gueretz,

Sans depofer jamais fa couronne de flames.

On verroit changer en Hiftoire l'ancienne fable de Phaëton. Vne ardeur exceffiue confommeroit toute l'humidité des corps, dont il ne refteroit plus que les cendres.　　Et,

Si l'Hyuer tenoit lieu de toutes les Saifons.

La chaleur de la vie feroit efteinte par vn fi opiniaftre ennemy, les Plants & les Animaux y fuccómberoient fans doute, & le monde ne feroit plus qu'vn grand defert. L'Hyuer eft pourtant neceffaire d'ailleurs aux productions de la Nature. La terre garde alors comme en depoft toutes les femences qui luy ont efté confiées & les reftituë apres fidellement. Par vne violente repercuffion de la chaleur vers le centre & les lieux bas, cette qualité qui eft la plus actiue de toutes, & que les neiges & les glaces empefchent de fortir, raffemble toute l'humidité efparfe, & la digere peu à peu affin qu'eftant bien preparée

preparée elle paroiſſe en ſuitte au dehors
par autant de Chefs-d'œuures qu'il y a de
Plantes, d'herbes, de fleurs, & de fruicts.
De ſorte que ſans l'Hyuer nous n'aurions
point ny les graces du Printemps, ny les
richeſſes de l'Eſté. Enfin ſi la chaude humidité de l'Automne duroit toûjours, les
maladies ordinaires en cette Saiſon du-
reroient de meſme. On ſçait les peſtilen-
ces qui ſuiuent le vent du Midy, & comme l'air n'eſt bien purifié que par la Byze.
Icy l'on doit remarquer en paſſant quelle
eſt la Sageſſe qui conduit le monde, d'a-
uoir ſi bien laſché & retenu la bride aux
Poſtillõs d'Eole, comme a dit quelqu'vn
de nos Poëtes, que ſelon qu'il eſt conuenable, ou au Printemps ou à l'Eſté, à l'Hyuer ou à l'Automne c'eſt vn vent, & non
pas vn autre, qui regne. Outre que le
mouuement du Ciel & certaines influences d'Eſtoilles qui les excitent, empeſ-
chent en tous lieux & en tout temps l'air
& les eaux de ſe corrompre : ce qui arri-
ueroit ſans doute, ſi le ſouffle des Vents
ceſſoit. Apres cet ordre admirable de la

Sapience eternelle les premiers ſçauants
ſi l'on oſe parler franchement, ne l'eſtoiēt
gueres de s'eſtre imaginez des Zones Tor-
rides & glacées à vn point qu'elles fuſſent
inhabitables. D. Il eſt vray, qu'ils en
ont jugé ainſi ; & autresfois, quoy qu'en
aſſez mauuais vers, i'ay faict ainſi parler
vn grand Poëte qui auoit ſuiuy leur
opinion.

La terre eſt inegalle en cinq parts diuiſée:
Toute l'humeur de l'vne eſt du chaud épuiſée ;
Et les autres tremblant deſſous les Poles froids
Souffrent les Aquilons pour leurs ſeueres Rois:
Il n'en reſte que deux , dont la temperature
Donne quelque loüange aux œuures de Nature.

L. On a découuert la fauſſeté de ces vaines imaginations par les voyages de lōgs
cours. On ſçait maintenāt que par la frai-
cheur de la nuict , qui eſt reglement de
douze heures ſous la ligne Equinoctia-
le; par les roſees, & les crepuſcules; cette
partie du monde eſt tres-habitable. On
ſçait ce qui eſt tres-merueilleux que de-

puis les neuf heures du matin iufques à trois de l'apres-difnée il s'éleue vn vent frais qui modere l'exceffiue ardeur. On fçait qu'en l'Egypte & en Ethiopie où il ne pleut point, le Nil, qui s'enfle en Efté, arroufe la terre & la cultiue, & felon la hauteur où il s'éleue, annonce mieux que tous les Aftres la fertilité de l'année. On fçait de plus qu'au milieu des fablons brûlants de Lybie, qui n'ont point l'efpace de trois cens lieuës comme ont voulu dire quelques-vns, il y a des contrées fi belles & fi abondantes que le Temple de Iupiter Ammon auec fes bois, fa fonteine & fes vergers paffa pour vne merueille aux yeux du grand Alexandre. L'experience donc qui eft, comme difoient les Anciens, la maiftreffe de tous les Arts ne les a que trop conuaincus en ces derniers Siecles, & de prefomption, & d'ignorance. On a defcouuert que foubs la ligne il y a des Ifles de deux cens lieuës de tour & plus vers les Indes Orientalles; des regions entieres vers les parties Occidentalles du nouueau môde, que vous nom-

m ij

mez ainſi pource qu'il eſt nouuellement
deſcouuert, ou la temperature de l'air eſt
ſi merueilleuſe ; que des Phyſiciens y ont
eſtably le Paradis de la terre, tant le ſéjour
en eſt abondant & delicieux. Il y a des
bois & des foreſts de parfums quaſi ſoubs
la ligne qui s'exhalent plus de huiɛt lieuës
en la haute mer à l'admiration des nauigeants ; toute la canelle du monde vient
de là. C'eſt là que ſe faiɛt la grande & la
belle peſche des perles, c'eſt là que la
quantité de pierreries, de ſaphirs, d'eſmeraudes, & de topazes endiminuë l'amour
& le prix : c'eſt là que ſans planter & ſans
ſemer naiſſent des arbres qui ſeruent à
toutes les commoditez & à toutes les delices de la vie. D. Vous voulez parler
des Maldiues & de Ceylan : dont celles-
cy ſont ſous la ligne, & l'autre n'en eſt
pas à cinq degrez. Vous vantez comme
il eſt bien raiſonnable, la liberalité de
Nature en la produɛtion de l'arbre admirable que les Indiens appellent, le Cocos.
Il eſt vray, qu'il fournit ſeul en abondance du miel, du laiɛt, du ſuccre & du beur-

re ; il est vray , que sa moüelle, & son amande sert pour manger au lieu de pain: & que son écorce, son bois & ses fueilles, pour bastir les vaisseaux & les maisons, pour faire du linge & du papier, ont tout ce qui se peut desirer. L. Que dirons nous de cette Isle qui est bien au delà de celle de Thulé & si éloignée du Tropique ? En ce pays qui deuroit estre si froid par sa situation naturelle , s'éleue vne montagne prodigieuse qui jette des feux comme le Vesuue, & de son pied , vne source d'eau chaude auec vne tellĕ abondance, qu'elle arrouse toute la contrée en tout temps & la cultiue si bien qu'elle a tout ce que nos terres ont icy, soit au Printemps , soit en Automne. Que celuy qui conduit la Nature est vn grand Maistre! qu'il en repare bien les defauts! qu'il a des voyes particulieres & incogneuës aux plus grands esprits! & qu'il faut bien prendre garde à ne rien decider temerairement! outre que les Contrées desertes ne nuisent à personne, puisque personne n'y habite, il n'y a point de fondrieres qui

ne puiſſent eſtre comblées, il n'y a point
de mareſts qui ne puiſſent eſtre deſſei-
chez, point de deſtroits qu'on ne puiſſe
paſſer, point de riuieres & de mers qui ne
ſoient nauigeables pourueu qu'on pren-
ne bien ſon temps. Si cét Hamno qui par
le commandement des Carthaginois
voulut trauerſer la ligne & qui en reuint
épouuanté par les orages & les foudres,
en euſt eſſayé le paſſage au moys de Sep-
tembre ou de May, il l'euſt trouué plus
fauorable; & n'euſt pas apreſté à rire à
nos Matelots, qui appellent la grande
mer, laquelle ils trauerſent pour le Perou,
Le trajet ou le Golphe des Dames : tant
apres auoir paſſé les Canaries, le Vent
Oriental qui leur donne en poupe les emporte heureuſement. Mais, ô foibles &
ignorants que nous ſommes, nous igno-
rons toutes choſes & nous aimons mieux
blâmer toutes choſes que noſtre ignorance. Et puis qu'eſt-ce que de certains climats ou trop froids, ou trop ardents à
comparaiſon de l'Vniuers ? Si le Globe
de la terre & de l'eau n'eſt qu'vn point

comparé à la grandeur immenſe du premier Mobile; Le Philoſophe Moral ſe rit des ames inſenſées dont l'ambition le pretend partager en Prouinces & en Royaumes. Et le Coſmographe vous demonſtre, que ſi l'on ne veoit pas plus du Ciel, au centre, qu'en la ſurface du Globe terreſtre; ſi la moindre des Eſtoilles fixes, qui ne ſemble pourtant qu'vn atome auprez de ſon Firmament, eſt plus grande que toute la terre; il faut que ſon eſtenduë ſoit comme inſenſible à proportion du huictieſme Ciel; à comparaiſon de ce Throſne lumineux & reſplendiſſant des vertus celeſtes, ou la Neceſſité aſſize, comme a dit quelqu'vn des Grecs, auec vn Sceptre de diamant regit les choſes inferieures.

D. Aprez ce que vous venez de remarquer, qui ozeroit vous parler des ſolitudes d'Affrique? Puiſque vous trouuez ſi petite toute la terre, cent ou

SECT. IV. Où il eſt traitté des deſerts.

deux cens lieuës de dezerts ne vallent pas
les conter. L. Ie sçay que c'est encore là
vne des oppositions de Lucrece, mais s'il
faut regarder toutes choses en elles mesmes, & non point par rapport à d'autres,
La terre est aussi bien terre selon son espece en Lybie qu'ailleurs : ou plustost elle y
est plus terre, pource qu'elle y est plus pure & moins meslée. Quelle soit fertille
ou ne le soit pas, c'est l'accident & non
pas la Nature de la terre en soy. Si les
meilleures ne sont cultiuées, elles ne produisent rien de bon. D'ailleurs qui peut
asseurer que les sablons de Lybie ne produisent pas l'or & les diamants dans leurs
entrailles assistée, comme elle est du Soleil : puisque les terres sablonneuses produisent l'or? Les diamants naissent dãs les
Rochers & des mineraux propres à tant
de maladies viennent en des lieux arides
& secs. Et puis quoy qu'il y eust des regions inhabitables par l'excez de la froidure, ou de la chaleur dequoy se plaint
on? il y a de certaines natures de Plantes
& d'Animaux, qui, comme remarquent
les

les Naturalistes, ne peuuent croistre que
là. Qu'importe s'il n'y a pas des hommes?
Toute l'espece peut-estre conseruée en vn
seul. Apprehendez vous que s'il n'y en a
point sous les Poles, que la Nature humaine perisse? Promenez-vous deux heures dans Paris, allez au Palais, au Cours,
à la Comedie, & au bal, ô trop craintif
Damis, & vous cesserez d'apprehender!
D. Vous me joüez Lisis, vous me joüez.
L. Nullement: mais il faut, comme ie
pense que nous auons déja remarqué que
l'homme ne face pas, de sa cognoissance
la mesure des œuures de Dieu. Tout ce
qu'il entend, il le trouue bon, ce qui n'entend pas, il le trouue mauuais. Qu'a la
Sagesse Diuine à desmesler auec l'humaine ignorance? L'homme ignorant veoit
des deserts, il ne sçait à quoy ils sont bōs:
il blâme l'Autheur du monde incontinent. Le Politique dira qu'ils seruent à retenir l'inondation des Peuples qui debor-
deroient les vns sur les autres, cōme l'impetuosité de la Mer est bridée par vn peu
de sable & à faire que chacun demeure

chez soy, & se contente du sien. Il adjou-
stera, peut-estre, que ce qu'entre les François, les Italiens & les Espagnols sont les
Alpes & les Pyrenées, la Lybie sablon-
neuse l'est entre l'Ethiopie & l'Egypte:
& que c'est vne forte barriere pour arrester la rapacité des Princes ambitieux, &
de leurs Ministres violents. Vn Physicien
alleguera qne cette terre est plus pure,
pource qu'elle est moins trempée des
pluyes,& qu'elle n'éprouue d'orages,que
ceux des Vents, lesquels par vn miracle
de la Nature font vne mer en terre ferme
par ces sablons agitez. Vn Chymiste
vous remarquera que ce sable est vne espece de sel Armoniac qui pour la purga-
tion des humeurs est de grand vsage en
Medecine:vn Curieux vous parlera de la
seicheresse incorruptible, que ce lieu a
pour soy & pour les corps qui y tombent,
que de là sont venuës les Mommies d'E-
gypte & que cette poussiere ardente fait
par son ardeur exhaler l'humidité laquelle est principe de pourriture:vn Metaliste
vous fera croire qu'il y trouuera des mines

d'or & d'argent. T. Que dira Damis?
D. Que ie ne ſçay ce que ie dois dire, ſinon que Liſis a entrepris par ie ne ſçay
quel appetit de vengeance, de m'enſeuelir
tout viuant dans les ſables. L. Vn bon
meſnager ne vous laiſſeroit pas encore en
repos. Il vous remonſtreroit que ces are-
nes qui paroiſſent infructueuſes ſont ſans
doute bonnes à quelque choſe; & qu'il
en pourroit bien eſtre comme du fumier:
ſa ſaleté rebutteroit vn delicat qui ne
ſçauroit pas l'Agriculture; mais ſi vous
donnez à la plante le temps de tirer cette
graiſſe & ce ſuc qui ſemble ſi ſale & ſi vilain elle en fera des pommes d'or. En fin
pour paſſer d'vne extremité à l'autre, au
moins ſi vous me le permettez, Damis, on
ſçait juſques où les Zones froides ſont ha-
bitables, & l'on n'ignore pas que la Polo-
gne & la Moſcouie, quelque grand froid
qu'on s'y figure, ſont tres-abondantes en
bleds. Ce qui meſme y peut manquer de
temperature eſt ſuppleé par vne autre grace du Ciel, qui rend les peuples de ces regions là, plus forts & plus robuſtes que

nous ne sommes. De sorte qu'ils se battent auec les bestes les plus feroces, & lut-
tent corps à corps auec les Ours. Croiriez
vous que ces animaux ne courent point
aprez leur proye six moys de l'année se
nourrissant d'vne baue, ou d'vne escume
qu'ils jettent? Ils passent tout ce temps
dans les grands bois qui seruent tant à ces
Peuples pour se deffendre de leur long
Hyuer. C'est vne chose merueilleuse de
l'abondance des Forests qui viennent
beaucoup mieux en ces pays froids qu'en
d'autres? peut-estre pource que les causes
de la generation y sont plus puissantes
qu'ailleurs, j'entend la chaleur & l'humidité: La chaleur, dans les entrailles de
la terre où elle est concentrée par le froid;
l'humidité par les neiges frequentes, & les
pluyes. La premiere de ces qualitez qui
est ardente & actiue a souuent emporté,
pour ainsi dire, les Nations Septentrio-
nalles d'vn bout du monde à l'autre, du
Nort aux pays Meridionaux où ils ont
tout inondé. On a experimenté de nostre
temps quels hommes la Suede, & la Nor-

vege , qui font des parties de la terre fi reculées, ont enuoyez dans l'Empire au fe-
cours de leurs Alliez. Et depuis la reuolution de tant de Siecles la memoire des
Cymbres & des Teutons, des Vvandales
& des Goths n'a pû encore eftre abolie:
tant ces regions froides font populeufes!
Tant il eft ridicule de craindre que l'efpece de l'homme y vienne à manquer!
Mais vous me direz, peut-eftre, que beaucoup de commoditez leurs defaillent, &
que la Nature en ces dernieres extremitez
de la terre n'eft pas tant mere que mara-
ftre. O Damis, comme a dit quelque part
vn grand Poëte. Toute terre ne porte pas
toutes chofes.

Dans l'heureufe Arabie on moiffonnne l'Encens
L'Inde porte l'Iuoire.

Et cela par vne Prouidence merueilleufe, qui pour lier les hommes enfemble
d'vne longüe & durable focieté a voulu
qu'vn Peuple eut befoin de l'autre. Car
comme ce qui a premierement fait les

villes & les Eſtats, a eſté le Mariage, fondé ſur la neceſſité qu'vn ſexe a de l'autre
pour ſe conſeruer, & l'accord de pluſieurs
qui pour leur commun auantage ſe ſont
volontairement rangez ſous de meſmes
Loix: de meſme les alliances & les confe-
derations entre les Nations les plus éloi-
gnées ont eſté eſtablies & entretenuës par
vn intereſt reciproque qui les empeſche
encore aujourd'huy de ſe ſeparer. Et puis
vous n'ignorez pas que c'eſt de là qu'il
faut tirer l'origine du commerce, de cette riche, & perpetuelle negotiation qui
continuë ſi vtilement entre nous & l'O-
rient, entre l'ancien & le nouueau monde.
Laiſſons donc là dans leur chagrin, & dãs
leur baſſeſſe ces ames foibles & rampan-
tes qui font tant d'impertinentes accuſa-
tions contre la Nature. Dans ſon grand &
magnifique Palais il y a de tout, pourueu
qu'on le cherche en ſon temps & en ſon
lieu. Et il eſt indubitable que s'il n'y auoit
des Climats glacez qui reſſemblent à
l'Hyuer, & d'autres humides & chauds
qui tiennent de l'Automne & de l'Eſté,

plufieurs belles productions qui demandent certains degrez de chaleur & d'humidité, de froid & de feichereffe, & non
pas dauantage ny moins, ne pourroiēt pas
s'acheuer. Certainement foit aux petites,
foit aux grandes chofes la Sageffe qui regle le monde eft admirable; & pour l'vtilité de l'homme les a toutes ajuftées felon
les Climats & les lieux auec vne merueilleufe cognoiffance. En Affrique, & aux
regions brûlantes ; elle a produiét, pour
l'vfage des Peuples, des chameaux qui
paffent douze & quinze jours de deferts
fans boire. Aux extremitez du Septentrion vers Tartarie & Norumbege où les
glaces font fi afpres, & les froids fi longs;
elle a fait naiftre des Caftors, des Ours
Blancs, des Elans & d'autres beftes dont
les fourures font excellentes. Et les plus
fçauants Phyficiens pour couronner fes
chefs-d'œuures, outre que par toutes les
terres où font les venins, ont remarqué
leurs antidotes, affeurent conftamment,
qu'en chaque Pays il y a des mineraux &
des fimples propres aux maladies qui y re-

gnent, & que les originaires n'ont qu'à les
eſtudier ſoigneuſement, pour ſe guerir.
Et partant l'on n'a pas beſoin, diſent-ils,
d'en faire venir des Indes Orientalles ou
de l'autre monde : pource qu'auſſi bien le
Ciel & la terre n'eſtant pas ſemblables, il
n'eſt pas croyable que leurs qualitez s'accordent auec noſtre temperament. Mais,
ô prudent Damis, ainſi que nous auons
déja dit pluſieurs fois peu d'hommes ont
la portée de l'eſprit égalle à l'immenſité
de la Nature. Ils n'en voyent que les parties & n'enuiſagent jamais le tout. Le vulgaire, on pourroit appeller ainſi les Princes & les Potentats qui en auroient la ſtu-
pidité & la baſſeſſe, qui ne void pas plus
loing que ſes yeux, & dont les meſmes
objets bornent l'intelligence & la veuë
ne s'eſtend pas iuſques à tous les Cieux,
toutes les mers, & toutes les terres, pour
voir ce qui ſe paſſe au meſme temps dans
les regions celeſtes & elementaires. Le
iugement des ames foibles ſuit leur co-
gnoiſſance. Comme ceux qui n'ont jamais ſorty de la maiſon de leurs peres
croyent

croyent que le monde finit, où finit le ter-
ritoire de leur ville; ou comme les enfants
s'imaginent qu'à l'extremité de l'horifon
le Ciel s'vnit à la terre, & qu'il n'y a plus
rien au delà : de mefme la plus part fe fi-
gurent qu'ils font feuls tout l'Vniuers, &
que s'il leur manque la moindre chofe,
quoy que fouuent par leur vice & leur
imprudence, la Prouidence s'eft oubliée,
où qu'il n'y en a point du tout. Mais qu'ils
donnent à leur efprit vne grandeur capable de toute la Majefté, & de toute l'e-
ftenduë de la Nature, qu'ils apprennent,
s'ils peuuent, à la cognoiftre entierement,
& à fe cognoiftre eux-mefmes : ils cefſe-
ront de murmurer.   T. Il eft indubitable que leur murmure & leurs plaintes
font des mauuais effects de deux caufes
encore pires, de la prefomption & de l'i-
gnorance. Autrement on ne fe fut jamais
imaginé que le bonheur du feul rencontre pût fuffire à la multiplicité de tant de
rapports qui lient la terre aux plantes, les
plātes aux animaux, les animaux à l'hom-

me; & l'homme, les animaux, les plantes
& la terre, auec l'air, les eaux, le Ciel, les
Aftres, & ce premier feu du monde qui
pour ainfi parler en eft l'ame vniuerfelle.
Trop de pieces, & trop de refforts, trop
de mutuelles dependances, trop de pro-
portions, & de fympathies entrent dans
la compofition de l'Vniuers, pour attribuer la magnificence de tant de chefs-
d'œuures au hazard. Comme l'ordre qui
fe remarque dans les chofes artificielles,
& dans les moralles eft vn effet de noftre
raifon : on doit pareillement aduoüer que
celuy qui efclatte dans les chofes naturelles, & les parties de ce grand tout depend
d'vne raifon premiere & vniuerfelle,
comme les premiers Sçauants la nomme-
rent, qui par de tres-bons moyens conduit fon tres-bel ouurage, le monde, à vne
tres bonne & tres-belle fin, noftre felicité & fa gloire. C'eft à cette caufe
fupréme, ainfi qu'à la fource inépui-
fable de tous biens que nous deuons
recourir, pour efloigner de nous toute

cette grande foule de maux dont l'i-
gnorance de son Nom & de sa Diuine
Prouidence est le plus effroyable & le
plus estrange.

F I N.